Das interaktive NÄH CAFÉ

Beate Schmitz

Kleider, Kissen, Jacken
Taschen ... nähen!

CV

Inhalt

♥-lich willkommen!

„Zum Kuckuck –
eine Uhr" auf Seite 20

Damit beim Zuschnitt alles klappt,
gibt's Zuschneidepläne!

„Auf den Punkt gebracht" auf Seite 14

„A4-tauglich" auf Seite 58

Hier geht's zum Nähzimmer-Blog:
www.Das-Nähzimmer.de

Beate Schmitz

Hallo zusammen,

es freut mich, dass Ihr dieses Buch in die Hand genommen habt und obendrein noch zu den Leuten gehört, die das Vorwort lesen.

Ich möchte Euch in meine Werkstatt einladen, in „Das Nähzimmer", das seit 2 Jahren Tür, Kisten und Schubladen für alle Nähbegeisterten geöffnet hat. Da wird zugeschnitten, genäht, Neues ausgedacht und ausprobiert, Tee getrunken, erzählt und stolz vorgezeigt, was unter den eigenen Händen entstanden ist.

Und da gab es die Idee, dass viel von dem, was im Nähzimmer passiert, auch in ein Buch passen könnte. Wir haben alles reingepackt: viele Ideen, haufenweise Tipps, genaue Anleitungen, Schritt-für-Schritt-Fotos, Grundlegendes und die Möglichkeiten, ein Modell so oder so zu nähen und ein ganz eigenes Design zu kreieren. Die kleinen Neuankömmlingen sei das „Schneiderlatein" ab Seite 86 ans Herz gelegt. Die Taschen und Beutel ab Seite 6 sind anfängergeeignet. Die sind mit Reißverschluss und Futter zwar schon eine Herausforderung, aber um nur geradeaus zu nähen, braucht Ihr ja auch eigentlich kein Buch.

Auch die gepunktete Walkjacke von Seite 14 ist sehr gut anfängergeeignet.

Weil ich Euch in einem Buch leider nicht mal schnell einen bestimmten Handgriff oder einen Kniff zeigen kann, gibt es als Ergänzung zum Buch Videos, die Ihr über die QR-Codes (so wie den unten auf Seite 3) finden könnt. Alle ohne die entsprechende App kommen auch über www.Das-Nähzimmer.de zum Filmgenuss.

Ganz herzlich bedanken möchte ich mich bei Anna, Astrid, Carla, Elli, Angelika und Xenia, die sich bereitwillig vor die Kamera gestellt haben.

Aber jetzt. Kocht Euch doch einen Tee oder Kaffee, sorgt für ausreichend Kekse und lasst Euch mit diesem Buch in Eurem „Nähzimmer" nieder.

Ich freu mich drauf, Euch im Blog zu treffen, und wünsch Euch viel Spaß und gutes Gelingen.

Herzlichst Eure   Beate Schütz

Stauraum

Kulturbeutel

Größe: ca. 22 x 13 x 13 cm
Schnittmuster 1 (grau unterlegt)
auf Bogen A

Infos für
Näheinsteiger

Schnittmuster-Suchspiel

Weil die Schnittmuster natürlich in Original-
größe auf dem Schnittbogen abgebildet sind,
ist es dort auf den ersten Blick etwas
unübersichtlich. Um Euch die Suche so einfach wie möglich zu machen, findet Ihr am
Anfang der Anleitung immer die Angaben,
wie die Teile heißen (hier: Schnittmuster 1),
welche Farbe die Kontur hat bzw. ob die
Teile farbig unterlegt sind (hier grau unterlegt) und auf welcher Seite des Bogens die
Teile sind: Bogen A = Vorderseite des Blattes
(da ist das Schnittmuster 1) oder Bogen B
(= Rückseite des Blattes).
Am oberen und unteren Rand des Bogens
findet Ihr dann in der entsprechenden Farbe
die Nummern der Teile. Geht von der Num-
mer aus senkrecht nach oben bzw. nach
unten, um Euer Teil zu finden.

Material

- 45 x 60 cm Blümchenstoff
  (ohne Musterrichtung, Außenseite)
- 45 x 55 cm Streifenstoff (Futter)
- 45 x 55 cm Volumenvlies H630
  (Freudenberg)
- 45 cm Reißverschluss in Grün (30 mm
  breit, Meterware) mit passendem Zipper
- 15 cm Kordel in Grün, Ø ca. 6 mm
- 25 cm Taschengurtband (oder Gurtband)
  in Grün, 4 cm breit
- Schrägbandformer für 25 mm breites Band
  oder eine mindestens 55 mm lange Nadel

Falls Ihr etwas schneller fertig werden
wollt oder das hier Euer 1. Nähprojekt ist,
könnt Ihr auch 25 cm fertiges Band in 20
bis 25 mm Breite kaufen.

Zuschneiden: Teil 1 je 1x im → Stoffbruch aus Blümchenstoff, Futter und aus
Volumenvlies zuschneiden. Aus dem Blümchenstoff zusätzlich einen 30 x 4,8 cm
breiten Streifen schneiden. Der Streifen entfällt, wenn Ihr fertiges Band gekauft habt.

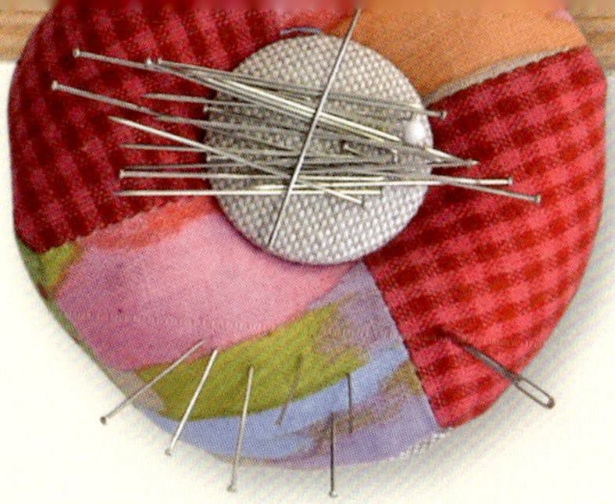

Weitere Tipps für Anfänger
gibt's im Blog unter
www.Das-Nähzimmer.de

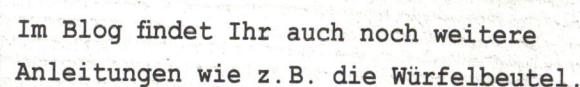

Im Blog findet Ihr auch noch weitere
Anleitungen wie z.B. die Würfelbeutel.

Wie das mit dem Zipper geht, könnt Ihr Euch auch im Video angucken.

So geht's

Das Vlies auf die linke Seite des Außenstoffs bügeln. Dazu den Stoff mit der linken Seite nach oben auf das Bügelbrett, dann das Vlies mit der Klebeseite (die fühlt sich rauer an) nach unten auf den Stoff legen. Überstehendes Vlies abschneiden, damit es nachher nicht am Bügelbrett klebt. Über alles ein feuchtes Tuch legen und mit dem Bügeleisen (Einstellung Wolle/2 Punkte) das Vlies Stück für Stück mit Druck etwa 15 Sekunden aufbügeln. Das Bügeleisen dabei nicht hin- und herschieben, sondern jeweils neu aufsetzen.

1 Das Reißverschlussband teilen und die Stücke jeweils mit 0,5 cm Nahtbreite ➔ rechts auf rechts an die langen Kanten des Außenstoffs nähen. Der 1. und letzte cm des Stoffs darf dabei nicht festgenäht werden, die Nähte beginnen und enden also jeweils 1 cm vor der Stoffkante. Nahtanfänge und

-enden immer ➞ verriegeln. Die Reißverschlussbänder stehen an beiden Seiten etwas über.

2 Das Futter rechts auf rechts auf den Außenstoff
legen – die Reißverschlussbänder liegen dann
zwischen den Stoffen. Das Futter mit den langen
Kanten genauso am Reißverschluss festnähen,
also jeweils noch einmal über die bereits bestehende
Naht nähen. Das Ganze wenden, sodass die rechten
Stoffseiten außen liegen, und die Stoffe vom Reißverschluss wegbügeln. Dann die Nähte ➞ schmal
und füßchenbreit absteppen, dabei wieder jeweils
die äußeren Zentimeter nicht mitnähen.

3 Anschließend den Zipper aufziehen. Dazu an
einer Seite die Reißverschlusszähnchen (nicht das
Band!) ca. 1 cm weit abschneiden. Beide Reißver-
schlusshälften mit den Bandenden so aneinanderhalten, dass der Stoff zu beiden Seiten auf gleicher
Höhe beginnt. Den Zipper mit der breiten Seite
zuerst so weit auf das vollständige Band fädeln,
dass die Zähnchen der abgeschnittenen Bandseite
ungefähr an der breitesten Stelle des Zippers
beginnen. Dann die Zähnchen soweit es geht in
den Zipper schieben, die Bandenden unterhalb des
Zippers festhalten und den Zipper weiter auf den
Reißverschluss ziehen. Praktisch zum Annähen
ist es, wenn der Zipper in der Mitte des zu beiden

Seiten geschlossenen Reißverschlusses sitzt. Dazu
müsst Ihr allerdings den Zipper am anderen Ende
wieder herausziehen (= der Reißverschluss ist nun
geschlossen), den Zipper erneut von vorne aufziehen und bis zur Mitte schieben.

4 Falls Ihr ein fertiges Band gekauft habt, näht
Ihr dieses mittig aufs Gurtband. Das Band wird
dazu an beiden Längsseiten schmal aufgesteppt.
Dann geht's bei Punkt 6 weiter.

Ansonsten entweder mit dem Schrägbandformer
den Streifen bügeln: Dazu den Stoffstreifen von
der breiten Öffnung aus durch den Former schieben,
dabei liegt die linke Stoffseite oben. Eventuell mit
einer Nadel den Streifen durch die Öffnung schieben.
Dann den Former über den Streifen ziehen, der
am besten geradlinig auf dem Bügelbrett liegt,
damit er mittig durch den Former läuft. Das vor-
gefaltete Band direkt bügeln.

5 ... oder die lange Nadel flach so durch das Bügel-
tuch ein- und wieder ausstechen, dass in der
Mitte ein 25 mm breiter Zwischenraum unter der
Nadel entsteht. Den Stoffstreifen an einem Ende
abschrägen und unter der Nadel durch den Zwischenraum ziehen. Die Längskanten werden dabei
zur Mitte umgeklappt, allerdings müsst Ihr etwas
nachhelfen, damit die Kanten auch wirklich in

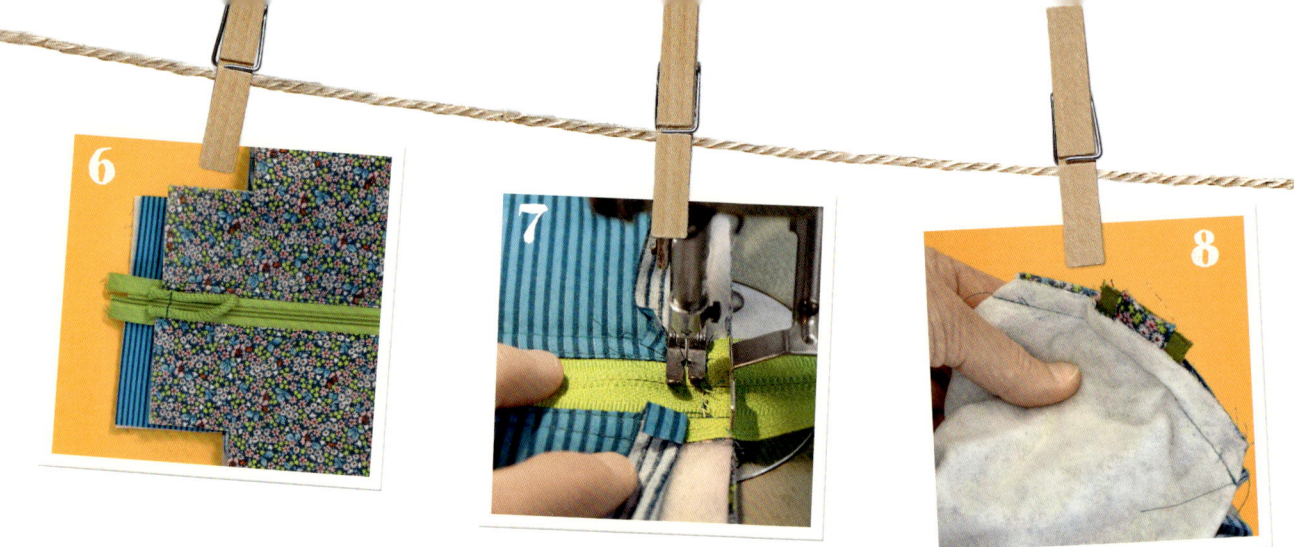

der Mitte aneinanderstoßen. Immer dicht neben der Nadel den Streifen bügeln, dann das nächste Stück unter der Nadel durchziehen.

Den gebügelten Streifen mittig auf das Taschenband nähen, dazu den Streifen an beiden Seiten knapp absteppen. Die überstehenden Enden abschneiden.

6 Die Kordel zur Schlaufe legen und über dem Reißverschlussende festnähen. Die Nahtbreite sollte etwas kleiner als 1 cm sein, damit die Stiche durch die nächste Naht wieder verdeckt werden.

7 Die Nähte vom → Nahtzeichen ▲ bis ▲ und ◆ bis ◆ schließen. Die Reißverschlussmitte trifft auf Nahtzeichen ◗. Dabei jeweils nur das Futter bzw. den Außenstoff zusammennähen, die andere Stofflage umschlagen. Es reicht auch, – falls es am Reißverschluss zu dick wird – Futter- und Außenstoff nur von außen bis kurz vor den Reißverschluss getrennt zusammenzunähen. Dann in der Mitte Außenstoff, Reißverschluss und Futter aufeinandernähen. Kunststoffreißverschlüsse könnt Ihr einfach vorsichtig übernähen. Die Nahtzugaben nach unten bügeln, sodass der Reißverschluss flach liegt.

8 Das Band wie im Schnitt eingezeichnet links auf rechts über der soeben genähten Naht am Reißverschlussanfang festnähen. Die offenen Bandenden zeigen dabei in die gleiche Richtung wie die Stoffkanten, stehen aber ca. 0,5 cm über. Anschließend jeweils die 4 Nähte im Futter und Außenstoff zwischen den Nahtzeichen ● und ● sowie ★ und ★ schließen, dabei die Nahtzugaben auseinanderlegen (hier treffen ▲ und ◆ jeweils auf ⊙). Im Futter bei einer Naht jeweils von außen nach innen an beiden Seiten nur 2 cm weit nähen, den Rest als Wendeöffnung offen lassen.

9 Den Beutel wenden, die Nahtzugaben an der Öffnung nach links einschlagen und die Kanten schmal aufeinandernähen.

CD-Tasche

Größe: ca. 15 x 14 x 7 cm
Schnittmuster 2 (grau unterlegt)
auf Bogen B

So geht's

Zuschneiden: Teil 2 je 2x aus Außenstoff, Futter und aus Volumenvlies zuschneiden. (Damit das Muster auf dem Außenstoff auf Vorder- und Rückseite der Tasche in der richtigen Richtung läuft, werden die Teile nicht im Stoffbruch zugeschnitten. In der unteren Mitte ist daher eine zusätzliche Naht notwendig.) Aus dem schwarz/weißen Pünktchenstoff zwei 35 x 4 cm breite Streifen schneiden. Das Vlies auf die linken Seiten des Außenstoffs bügeln, wie beim Kulturbeutel beschrieben.

10 Im Außenstoff und Futter jeweils die Nähte zwischen den ➞ Nahtzeichen ▶ schließen. Dabei im Futter die eingezeichnete Wendeöffnung frei lassen. Die Nahtzugaben auseinanderbügeln.

11 Die langen Streifen jeweils links auf links zur Hälfte bügeln (= 2 x 35 cm), je einen Streifen an einer Längskante (da steht im Schnitt „Reißverschluss" dran) auf den Außenstoff legen, sodass

Material

- 25 x 65 cm Stoff mit VW-Bus-Motiven (Außenseite, Buttinette)
- 25 x 65 cm Pünktchenstoff in Weiß/Schwarz (Futter)
- 10 x 40 cm Pünktchenstoff in Schwarz/Weiß (Streifen an der Oberkante)
- 25 x 65 cm Volumenvlies H630 (Freudenberg)
- 40 cm Reißverschluss in Pink (25 mm breit, Meterware) mit passendem Zipper
- 25 cm Kordel in Pink, Ø ca. 6 mm

die offenen Streifenkanten auf den Stoffkanten liegen. Die umgebügelte Streifenkante jeweils schmal auf den Stoff steppen. Damit die Naht am Reißverschluss nicht zu dick wird, die untere Lage des Streifens bis auf 0,5 cm zurückschneiden. Die Tasche so weiternähen, wie für den Kulturbeutel beschrieben. Hier für den Anfasser ca. 8 cm Kordel zur Schlaufe legen und über dem Reißverschlussende festnähen, für den Träger die restliche Kordel anstelle des Gurtbandes einnähen.

11

Material

- 30 x 65 cm Stoff mit Kreisen
- 15 x 50 cm Pepitastoff
- 20 x 50 cm Streifenstoff in Rot/Pink
- 10 x 30 cm Stoff in Grün
- 50 x 65 cm Blümchenstoff in Rot/Rosa als Futter (alle Stoffe von Buttinette)
- 40 x 65 cm Volumenvlies H630 (Freudenberg)
- je 40 cm Reißverschlussband in Pink und Grün (25 mm breit, Meterware, je nur 1 Seite) mit passendem Zipper
- 110 bis 140 cm Baumwollgurtband in Schwarz, 38 mm breit
- 5 cm passendes Webband, ca. 15 mm breit
- 25 cm Gummiband, 1 cm breit

Kleine Umhängetasche

Größe: ca. 16 x 20 x 8 cm (ohne Henkel)
Schnittmuster 3A bis 3D auf Bogen A

So geht's

Zuschneiden: Teil A 2x aus dem Stoff mit Kreisen; Teil B 1x aus Pepita; Teil C 2x aus Streifenstoff; Teil D 2x aus Futter. Aus dem grünen Stoff einen 5 x 25 cm langen Streifen schneiden. Aus dem Volumenvlies 2x Teil A und 1x Teil B zuschneiden. Das Vlies auf die linken Seiten der Teile A und B bügeln, wie beim Kulturbeutel beschrieben.

11 Den Streifen links auf links zur Hälfte bügeln (= 2,5 x 25 cm). Das Gummiband bis zur Bruchkante zwischen die Lagen schieben, dann den Streifen mit den offenen Kanten auf der rechten Seite an die Oberkante eines Teils C legen, das andere Teil C rechts auf rechts darüberlegen und die Oberkante 1 cm breit absteppen. Dabei darauf achten, dass das Gummi nicht mitgefasst wird.

12 Die Teile C nach außen umschlagen, sodass die offenen Schnittkanten bündig links auf links aufeinanderliegen, bügeln und die Naht schmal absteppen. Das Gummiband an einer Streifenschmalseite 0,5 cm neben der Stoffkante festnähen. An der anderen Seite das Gummi herausziehen, den Stoffstreifen über dem Gummiband raffen und so die Weite der Oberkante auf 18 cm einhalten. Das Gummi an dieser Seite ebenfalls festnähen, überstehenden Streifen und Gummiband abschneiden.

13 Die Tasche C laut → Nahtzeichen links auf rechts an den Seiten und am unteren Rand 0,5 cm breit auf ein Teil A nähen, dabei trifft die Ansatznaht des Streifens auf Nahtzeichen ⊙. Die Teile A genau zwischen den Nahtzeichen ● und ★ an das Boden-/Seitenteil B nähen, dabei stehen die Nahtzugaben

der Teile A neben den Nahtzeichen jeweils noch 1 cm breit über und werden nicht mit angenäht. Reißverschluss und Zipper wie beim Kulturbeutel ab Seite 8 unter Punkt 1 bis 3 beschrieben annähen. Das Gurtband auf die gewünschte Länge plus 2 cm Nahtzugabe kürzen. Dann das Band mittig über den Reißverschlussenden festnähen, die Bandenden liegen dabei an den Stoffkanten. Die Nähte zwischen den Nahtzeichen ▲ und ◆ schließen, siehe Punkt 7 auf Seite 10.

14 Anschließend die Nähte im Futter und Außenstoff zwischen den Nahtzeichen ● und ● und ★ und ★ schließen. Die Nahtzugaben am Seitenteil B müssen dazu bis dicht an die Nahtenden eingeschnitten werden, damit der Stoff um die Ecke gelegt werden kann. In der Mitte der Naht die Nahtzugaben der Quernaht nach unten zum Pepitastoff legen (hier treffen ▲ und ◆ jeweils auf ⊙). Die Tasche wenden, die Nahtzugaben an der Öffnung nach links einschlagen und die Kanten schmal aufeinandernähen.

Auf den Punkt gebracht

Kurze Jacke mit Punkten

Größe 34 bis 44
Schnittmuster 5A bis 5E in
Rosa auf Bogen B

Material

- 135 cm Walkstoff mit Punkten, 140 cm breit (Stoffmarie)
- 1 Metallknopf, Ø 30 mm

 Statt Knopfloch wird einfach ein Stück Naht offen gelassen.

Damit das Häkeln für niemanden ein „Buch mit sieben Siegeln" bleibt, gibt's ein Video mit den Grundlagen.

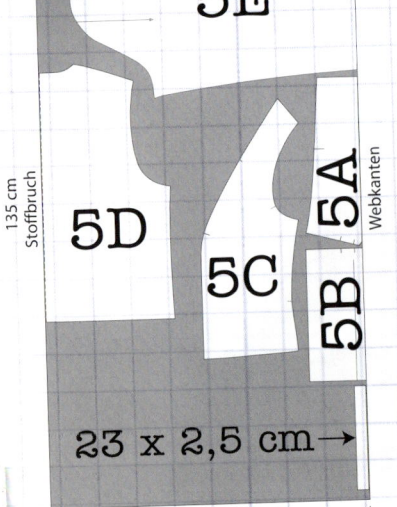

Zuschneideplan Kurze Jacke mit Punkten

135 cm Stoffbruch

5E

5D

5C

5B 5A

Webkanten

23 x 2,5 cm →

70 cm

Zuschnitt

- 2x Obere Blende A
- 2x Untere Blende B
- 2x Seitliches Vorderteil C
- 1x Rückenteil D im Stoffbruch
- 2x Ärmel E
- 1x Hinterer Halsausschnittbeleg: 1 Streifen F à 23 x 2,5 cm

Kein Versäubern, keine Säume, kein Knopfloch –
die Walkjacke mit Punkten ist ruckzuck fertig

So geht's

Zuschneiden: Die Teile mithilfe des → Zuschneideplans und der Liste auf Seite 14 zuschneiden. Für den Beleg am hinteren Halsausschnitt einen 23 x 2,5 cm großen Streifen F aus der Stoffkante zuschneiden.

1 Teile A und B jeweils zwischen den → Nahtzeichen ● und ▮ → rechts auf rechts zusammennähen, dabei am rechten Vorderteil wie eingezeichnet eine Öffnung als Knopfloch lassen. Nahtanfänge und -enden stets verriegeln. Die Nahtzugaben auseinanderbügeln und zur vorderen Kante hin schräg abschneiden. Dann die Naht zu beiden Seiten 0,5 cm breit absteppen.

2 Den Streifen F links auf rechts kantenbündig auf den hinteren Halsausschnitt stecken und an der unteren Kante → knapp und 0,5 cm breit annähen. Am Rückenteil den Stoff unter dem Streifen bis dicht an die Naht zurückschneiden. An den Seiten den Streifen in Verlängerung der Schulterkante abschneiden.

3 Jeweils eine Blende A/B und ein entsprechendes Vorderteil C rechts auf rechts zusammensetzen, die Nahtzugaben auseinanderbügeln.

4 Danach die Schulternähte rechts auf rechts schließen und ebenfalls auseinanderbügeln. Die Ärmelnähte rechts auf rechts schließen, dabei am besten am unteren Ärmelrand beginnen, damit die Walkkanten hier genau aufeinandertreffen.

5 Ärmel auf rechts drehen und in die Armausschnitte stecken. Durch die Nahtzeichen könnt Ihr rechten und linken Ärmel erkennen sowie den Punkt an dem der Ärmel auf die Schulternaht trifft. Am Ärmel muss etwas Weite eingehalten werden. Von der Seitennaht aus den Ärmel zuerst zu beiden Seiten glatt feststecken, nach 6 bis 7 cm beginnen, die Weite gleichmäßig zu verteilen. Dann die Jacke so unter die Nähmaschine legen, dass der Ärmel beim Nähen unten liegt, da der Stoff, der direkten Kontakt mit dem Transporteur der Nähmaschine hat, besser transportiert wird. Die Naht bügeln. Dazu den Ärmel so nehmen, wie es auf dem Foto zu sehen ist, die Bügeleisenspitze ins Armloch schieben und vorsichtig die Naht und 1 bis 2 cm des Ärmels flach bügeln.

6 Den Jackensaum 2 cm breit nach links umbügeln. Den Umschlag mit Hexenstichen festnähen. Dazu einen relativ langen Faden (ca. 80 cm) in eine möglichst dünne Nähnadel einfädeln. Das Fadenende verknoten und den Faden mit 2 oder 3 kleinen Stichen auf der Nahtzugabe knapp unter der Saumkante fixieren, dann den Saum wieder nach links umschlagen, sodass der Faden am Saum zum Vorschein kommt, siehe ➘. Der Hexenstich wird von links nach rechts gearbeitet. Dazu auf dem Saumumschlag an Punkt ❶ einstechen, die Nadel ca. 3 bis 4 mm unter dem Stoff durchführen und an Punkt ❷ wieder ausstechen. Dann knapp oberhalb des Saums an Punkt ❸ wieder ein- und an Punkt ❹ ausstechen. Dieser Stich liegt noch auf der Nahtzugabe, deshalb könnt Ihr hier etwas mehr Stoff fassen, ohne dass der Stich auf der Vorderseite sichtbar wird. Bei den weiteren Stichen drauf achten, nicht durch den kompletten Stoff, sondern etwa nur durch die halbe Stofflage zu stechen. (Das geht bei dem dicken Walkstoff gut. Bei dünneren Stoffen nur 1 oder 2 Gewebefäden fassen.) Den Faden nicht zu fest anziehen, damit sich die Saumkante nicht durchdrückt. Nach dem gleichen Prinzip weiternähen, Fadenenden und neue Fadenanfänge jeweils auf dem Saumumschlag mit einigen Stichen vernähen.

Kurze Jacke mit Häkelkante

Größe 34 bis 44
Schnittmuster 5A bis 5E in Rosa
auf Bogen B

So geht's

Zuschneiden: Die Teile mithilfe des → Zuschneideplans und der Liste zuschneiden. Die Jacke so zusammennähen, wie auf Seite 16/17 für die kurze Jacke mit Punkten beschrieben. Nur das Zusammensetzen der Blendenteile entfällt und am hinteren Halsausschnitt muss kein Streifen aufgesetzt werden.

Zuschneideplan Kurze Jacke mit Häkelkante

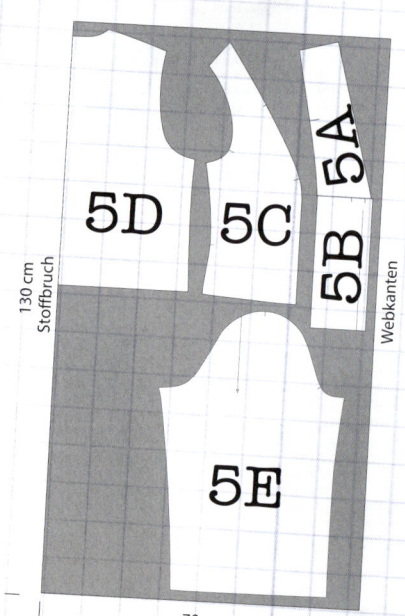

Zuschnitt

- 2x Obere Blende A und Untere Blende B in einem Stück (dafür die Schnittteile an der Unter- bzw. Oberkante 2 cm übereinanderschieben)
- 2x Seitliches Vorderteil C
- 1x Rückenteil D im Stoffbruch
- 2x Ärmel E

Material

- 130 cm Walkstoff in Grau, 140 cm breit
- 5 mit Walkstoff bezogene Knöpfe, Ø 15 mm (entweder mit Rohlingen von Prym oder die Knöpfe beziehen lassen, z.B. im Nähzimmer)
- Sockenwolle in Himbeer (Lauflänge ca. 420 m/100 g, es reicht ein Restknäuel von ca. 30 g)
- Häkelnadel Nr. 1,5

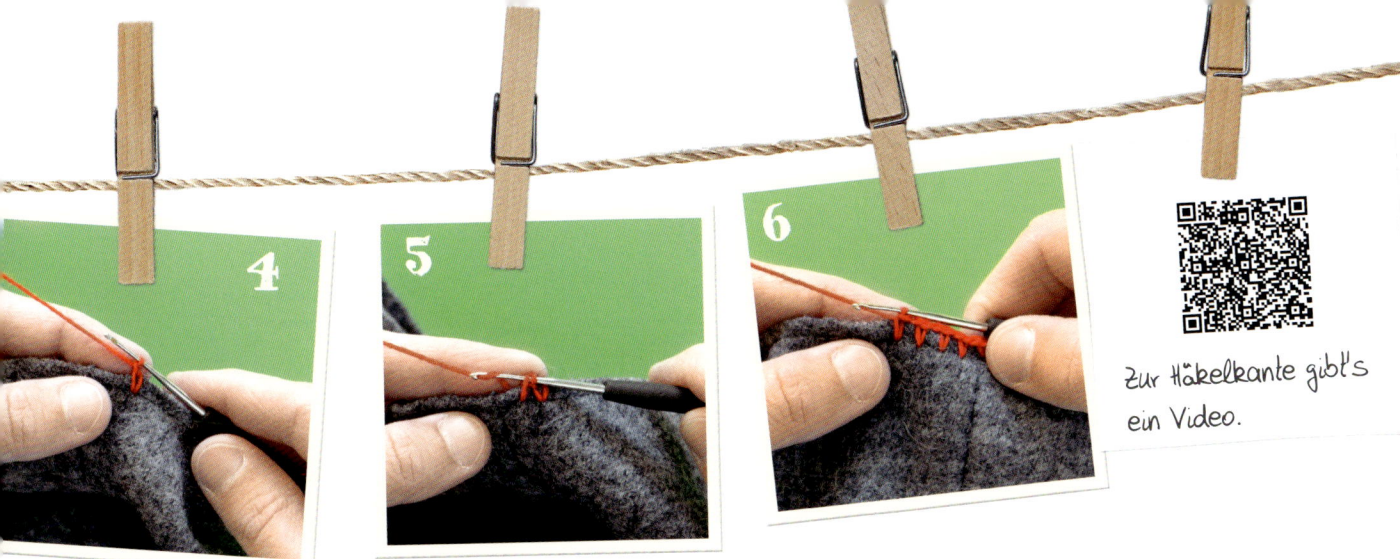

Zur Häkelkante gibt's ein Video.

1 Zum Umhäkeln die Kanten möglichst gerade schneiden. Am besten geht das mit Lineal und Rollschneider.

2 Die Nahtzugaben an den Nahtenden jeweils schräg abschneiden. Dann die Kanten von rechts rundum 0,5 cm breit absteppen.

3 Mit der Häkelnadel dicht unter der Steppnaht durch den Stoff stechen und eine Schlinge durchholen.

4 Dann 2 → Luftmaschen häkeln.

5 Wieder knapp unterhalb der Steppnaht einstechen und eine → feste Masche arbeiten.

6 Punkt 4 und 5 fortlaufend wiederholen und nach der → Häkelschrift arbeiten. An den Ecken der Vorderteile jeweils 3 Luftmaschen häkeln. Die Runde am Ende nach einer Luftmasche mit einer → Kettmasche in die 1. Luftmasche der Runde schließen. Wie gezeichnet eine weitere Kettmasche häkeln, um zur nächsten Runde überzugehen. Ab der 2. Runde die Maschen jeweils um die darunterliegenden Luftmaschen häkeln, das ist einfacher als durch die Luftmaschen zu stechen. Da nicht genau vorherzusagen ist, wie die Luftmaschenbogen der 2. Runde an der Ecke enden, müsst Ihr dort etwas variieren. Deshalb sind in der Häkelschrift 2 verschiedene Ecklösungen gezeichnet. Die Vorderteilkanten, oben und unten passend, 4 cm weit übereinanderlegen (rechtes Vorderteil

liegt oben). Die Häkelbogen dienen als Knopflöcher. Die Positionen der Knöpfe an der geraden Belegkante gleichmäßig verteilt markieren, dafür eine Stecknadel senkrecht durch das äußere Bogenende in das linke Vorderteil stecken. Die Knöpfe annähen.

Häkelschrift und Zeichenerklärung

Die einzelnen Maschen werden ab Seite 86 erklärt.

- • = 1 Luftmasche
- ∩ = 1 Kettmasche
- | = 1 feste Masche
- ▲ = 1 Picot (4 Luftmaschen, dann 1 feste Masche in die 1. Luftmasche häkeln)
- † = 1 Stäbchen
- ➤ = Anfang
- ➤➤ = Ende

Zum Kuckuck – eine Uhr!

Uhr mit Vogel

Größe ca. 21 x 27 x 6,5 cm
Vorlagen 6A bis 6D auf Bogen A

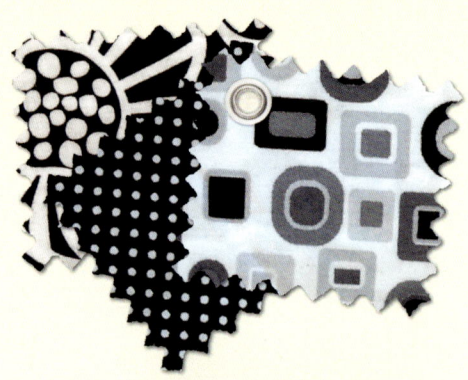

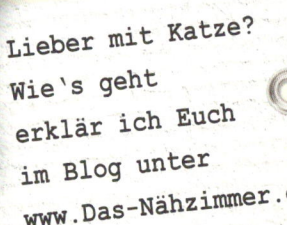

Lieber mit Katze?
Wie's geht
erklär ich Euch
im Blog unter
www.Das-Nähzimmer.de.

Material Uhr

- 3 verschiedene Stoffe mit schwarz-weißem Muster (Vorderseite): 2-mal 10 x 25 cm (einer davon Weiß mit schwarzen Punkten für die Zackenkante) und 1-mal 5 x 25 cm
- 20 x 70 cm schwarzer Stoff mit Punkten (Vorderseite und Seite)
- 20 x 65 cm Karostoff (Dach)
- 15 x 25 cm grüner Stoff (Zifferblatt)
- 25 x 35 cm Decovil 1 Light (Freudenberg)
- 40 cm Bommelborte, ca. 1,5 cm breit
- 35 cm Rüschengummi in Orange, ca. 1 cm breit
- 1 Uhrwerk mit Zeigern
- 1 m feste Schnur, Ø ca. 1 mm
- 1 große Lüsterklemme (nur das Metall-Innenteil)
- 35 x 45 cm Sperrholz, 3 mm dick
- 24 cm Kantholz, ca. 12 x 12 mm (in 4 Stücke à 6 cm gesägt)
- 7 kleine Schrauben, 2,4 x 12 mm
- Holzleim
- eventuell 12 Stiftperlen fürs Zifferblatt
- eventuell Lackmalstifte für die Zeiger

Material Vogel

- 10 x 10 cm Stoff in Schwarz
- 1 Feder
- Rest Füllwatte
- 1 geschwärzter Draht, Ø 1 mm, 25 cm lang
- Rest Filz in Gelb für den Schnabel
- 2 Perlen in Weiß, Ø 4 mm
- 2 Perlen in Schwarz, Ø 2 mm
- 1 Ast als Sitzstange, ca. 7 x 1,5 cm

Spezielles Werkzeug

- Seitenschneider
- Flachzange
- Säge
- Bohrer, 8, 2 und 1 mm Ø
- Schmirgelpapier
- Schraubenzieher
- Cuttermesser
- eventuell Wendewerkzeug (Prym)

Hängt und steht - egal, ob an der Wand oder im Regal, die Uhr ist einen Blick wert.

So geht's

Zuschneiden: Aus dem schwarzen Punkte-stoff: 2 Streifen à 4,5 x 25 cm und 1 Streifen à 45 x 13 cm; aus dem weißen Punktestoff: 1 Streifen à 4,5 x 25 cm und 1 Streifen à 4 x 25 cm für die Zackenkante; aus den anderen schwarz-weißen Stoffen insgesamt noch 3 Streifen à 4,5 x 25 cm; aus dem Karostoff: 1 Streifen à 34 x 13 cm, 1 Recht-eck à 25 x 15 cm und 1 Streifen à 4 x 25 cm für die Zackenkante; aus Decovil 1x die Vorderseite und 1x das Zifferblatt mit Kreis-Ausschnitt.

1 Den Stoff für das Zifferblatt → rechts auf rechts zur Hälfte legen, den Decovil-Ring aufbügeln. Dann die Stofflagen direkt neben dem Decovil-Ring am Außenrand mit kleinen Stichen zusammennähen.

2 Die Nahtzugaben bis auf 2 mm zurückschneiden. Auf der Seite ohne Decovil ein Kreuz in den Stoff schneiden und das Zifferblatt durch diesen Ein-schnitt wenden, dann bügeln. Um die Kante schön herauszudrücken, mit etwas Stumpfen (Häkelnadel, Löffelstiel etc.) von innen vorsichtig an der Naht entlangfahren.
Alle 4,5 x 25 cm großen Streifen in gewünschter Reihenfolge an den Längsseiten rechts auf rechts aneinandernähen und die Nahtzugaben auseinan-derbügeln.

3 Das Zifferblatt mittig auf die Streifenfläche stecken. Das Gummi des Rüschengummis unter das Zifferblatt schieben und den Stoffkreis rundum schmal aufsteppen, allerdings erst 0,5 cm hinter dem Anfang der Rüsche mit der Naht beginnen. Das Gummi wird beim Aufsteppen mit angenäht. Am Schluss der Runde die Rüsche so abschneiden, dass sich Anfang und Ende ca. 0,5 cm überlappen. Das Ende mit der Stickschere oder einem Naht-trenner unter den Anfang schieben und die Runde fertig nähen.
Vom oberen Streifen der Fläche 0,75 cm abschnei-den. Wer ein unterteiltes Zifferblatt haben möchte, kann mithilfe der Markierungen auf der Schablone die Stiftperlen an den Rand des Zifferblatts nähen.

4 An den Streifen für die Zackenkanten jeweils an einer Längsseite eine Linie mit 1 cm Abstand zur Kante aufzeichnen, an der anderen Seite jeweils im Abstand von 3 cm den Stoff 3 cm weit einschneiden.

5 Die Streifen mit der linken Seite nach oben auf das Bügelbrett legen. Zuerst die Ecke am Ein-schnitt nach links oben klappen, sodass sie auf das Ende des links daneben liegenden Einschnitts trifft. Dann die untere Spitze nach rechts oben an

das Ende des rechten Einschnitts bügeln. Beide Streifen so vorbereiten.

6 Dann die beiden Streifen versetzt aufeinanderlegen, sodass die Zacken jeweils abwechselnd zu sehen sind. An der oberen Kante die Streifen mit 0,5 cm Nahtbreite aufeinandernähen. Die Zackenkante links auf rechts an der Oberkante auf die Streifenfläche legen, das Rechteck aus Karostoff rechts auf rechts darüberlegen, sodass alle Stoffkanten aufeinanderliegen. Alle Lagen mit 1,25 cm Nahtbreite zusammennähen, dabei die gefalteten Dreiecke mitfassen. Das Rechteck nach oben bügeln und die Naht schmal absteppen.

7 Mithilfe der Schablone die Mitte des Zifferblatts markieren. An der Vorderseiten-Schablone in der Mitte des Zifferblatts ein kleines Loch ausstanzen oder schneiden. Die Schablone mit dem Loch über die Markierung im Zifferblatt legen, die Streifen und die Dachkante an der Schablone ausrichten und die Vorderseite rundum 1 cm größer als die Schablone ausschneiden. Das Decovil-Teil mittig auf die linke Seite der Vorderseite bügeln.

8 Die Bommelborte rechts auf rechts an die Dachkante nähen. Dabei die Borte so auflegen, dass nur die Bommel (und deren Befestigungen) über die Nahtzugabe hinausragen, der Rest verschwindet so später in der Naht. An der Giebelseite genau am eingezeichneten Punkt 1 beginnen (also nicht direkt an der Stoffkante ansetzen) und bis zu Punkt 2 am Giebel nähen. Optimal ist, wenn 1 Bommel genau oben an der Spitze sitzt. Am Giebel die Borte um die Ecke legen, falls nötig das Band der Borte bis dicht an die Naht einschneiden, dann die Borte an der anderen Dachseite entsprechend festnähen.

Die Dachkante zeig ich Euch auch noch mal im Video.

Nahtzeichen an den Streifen

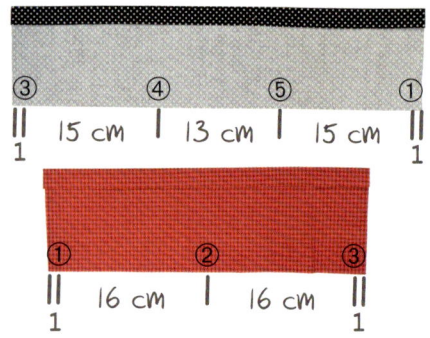

③   ④   ⑤   ①
‖   15 cm   ‖   13 cm   ‖   15 cm   ‖
1   1

①   ②   ③
‖   16 cm   ‖   16 cm   ‖
1   1

9 Die Längskanten der beiden 13 cm breiten Streifen versäubern (das ist nicht unbedingt nötig) und jeweils 2 cm breit nach links umbügeln. Die Nahtzeichen, wie oben gezeigt, mit kleinen (!) Einschnitten in die Nahtzugaben markieren. Die Umschläge wieder aufklappen und die Streifen an den Schmalseiten 1 cm breit rechts auf rechts zusammennähen. Dabei an einer Naht von der umgebügelten Seite aus 2,5 cm weit nähen, 1 cm frei lassen und dann weiternähen. An beiden Nähten den letzten Zentimeter an der nicht gebügelten Kante offen lassen, die Nahtenden immer verriegeln. Die Nahtzugaben des entstandenen Rings auseinanderbügeln.

10 Die Enden der Schnur von innen nach außen durch die Nahtöffnung fädeln, zusammenknoten und eventuell mit einer Stecknadel fixieren. Die gebügelten Umschläge wieder nach links legen, die Schnur so nah wie möglich an den Falz schieben. Dann den Umschlag 1,5 cm breit festnähen, ohne dabei die Schnur mitzufassen.

11 In die Mitte des Zifferblatts ein ca. 8 mm großes Loch schneiden. Dann wird der Ring zwischen den Nahtzeichen ② und ③ rechts auf rechts an die Vorderseite genäht. Dabei beginnt die Naht am Nahtzeichen ②, also an der Ecke des Decovils an der Dachspitze. Es wird nicht ab der Stoffkante genäht. Die Naht endet an der nächsten Ecke des Decovils bzw. an der Quernaht am Ring, zwischen kariertem Dachstreifen und dem Punktestoff.

12 Den Ring nach außen schlagen und kontrollieren, ob die Bommelborte richtig in der Naht mitgefasst worden ist. Dann den Ring an die nächste Kante – zwischen den Nahtzeichen ③ und ④ – legen oder stecken, genau am Nahtende wieder ansetzen und bis zur nächsten Ecke ④ nähen. Dabei endet

die Naht wieder an der Ecke des Decovils, nicht an der Stoffkante. Die Nahtzugabe des Rings bis dicht ans Nahtende einschneiden und den Ring zwischen Nahtzeichen ④ und ⑤ annähen. Die weiteren Kanten entsprechend annähen. Die Bommelborte an den Enden eventuell etwas kürzen, damit die Ecken nach dem Wenden möglichst flach liegen.

13 Mithilfe der Schablone die Vorder- und Rückseite auf das Holz zeichnen und aussägen. Die Ecken mit Schmirgelpapier abrunden, damit der Stoff hier nicht durchscheuert. Die Löcher wie eingezeichnet bohren. Drei Kantholzstücke an die Vorderseite schrauben, das Uhrwerk von hinten durch das große Loch stecken, den Stoffbezug darüberschieben und das Uhrwerk fixieren. Dabei den Stoff gerade ziehen, sodass die Ecken von Stoff und Holz aufeinandersitzen. Damit sich das Uhrwerk nicht mehr drehen kann, das letzte Holzstück unter das Uhrwerk leimen. Mit dem kleinsten Bohrer ein Loch in die Sitzstange bohren, um sie an die Uhr zu schrauben. Für den Vogel 2 Löcher im Abstand von ca. 5 mm von oben nach unten durch den Ast bohren. Die Sitzstange anschrauben, dann die Rückseite festschrauben. Den Stoff um die Rückseite ziehen.

14 Mit dem Cuttermesser die Lüsterklemme aufschneiden und das Metall-Innenteil herauslösen. Nachdem die kleinen Schrauben gelöst sind, die Schnurenden von beiden Seiten durch die Klemme schieben und die Enden mit Knoten sichern. Den Stoff fest um das Holz ziehen und die Schnur mit den Schrauben an der Klemme fixieren. Die Zeiger mit dem Seitenschneider auf die richtige Länge kürzen, eventuell mit den Lackmalstiften bemalen und aufstecken.

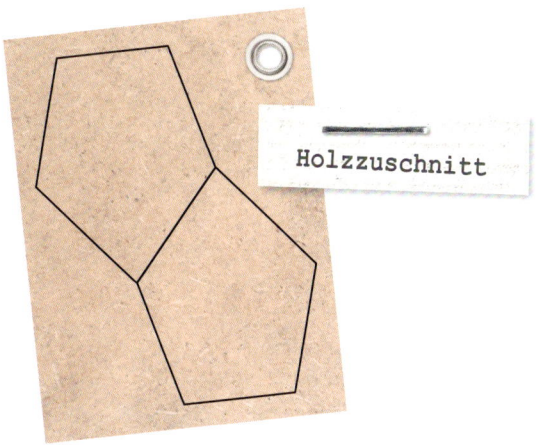

Holzzuschnitt

So geht's

Vogel

1 Den Stoff für den Vogel rechts auf rechts zur Hälfte falten und mithilfe der Schablone 6C (grüner Vogel) oder 6D (Rabe) die Umrisse des Körpers aufzeichnen. Auf der Linie die Stofflagen mit kleinen Stichen zusammennähen. An der Unterkante die eingezeichnete Wendeöffnung frei lassen, Nahtanfang und -ende ➔ verriegeln. Oben am Kopf für die Feder ebenfalls einen Stich auslassen, auch hier Nahtanfang und -ende verriegeln. Die Nahtzugaben rundherum bis auf 2 mm zurückschneiden.

2 Den Vogelkörper wenden. Gut geht dies mit einem Wendewerkzeug, das aus einem Rohr und einem Stab besteht. Das Rohr in den Körper stecken, von der anderen Seite mit dem Stab den Stoff in das Rohr schieben und so das Teil wenden. Mit dem Holzstab oder etwas Ähnlichem vorsichtig an der Naht entlangfahren und so die Naht nach außen drücken und die Umrisse formen.

3 Aus dem Draht mit der Flachzange, wie in der Abb. zu sehen, die Beine formen. Unterhalb der Füße muss jeweils noch ein Stück Draht nach unten zeigen; damit wird der Vogel an der Sitzstange befestigt.

4 Den Vogelkörper mit Watte ausstopfen und den Drahtbogen durch die Öffnung in den Körper stecken, bis die Beine die gewünschte Länge haben. Die Nahtzugaben an der Öffnung nach innen einschlagen und die Öffnung mit Matratzenstichen zunähen, siehe Seite 57.

Wer will schon wissen, wie spät es ist? Man kann auch einfach ohne Uhr einen Vogel an der Wand haben.

5 Aus dem gelben Filz den Schnabel zuschneiden. Einen Faden in Schwarz auffädeln, das Ende verknoten, durch die Naht in den Körper und an der anderen Seite wieder ausstechen, dabei den Knoten vorsichtig nach innen ziehen und den Faden zusätzlich dicht neben der Naht auf der Rückseite vernähen. Den Schnabel mit kleinen Stichen aufnähen, sodass beim Aufnähen gleichzeitig die Nasenlöcher gestickt werden. Den Faden wieder auf der Rückseite mit ganz kleinen, fast unsichtbaren Stichen vernähen. Dann auf der Vorderseite an der Stelle, an der das erste Auge angenäht werden soll, wieder ausstechen. Die weiße und dann die schwarze Perle auffädeln, durch die weiße Perle wieder zurückstechen und den Faden auf der Rückseite erneut sichern. Das andere Auge entsprechend annähen, den Faden vernähen. Mit einer dicken Nadel das Loch für die Feder oben am Kopf auseinanderdrücken und die Feder hineinstecken.

Warme Wickel

Cacheur mit Blumen
Größe individuell anpassbar

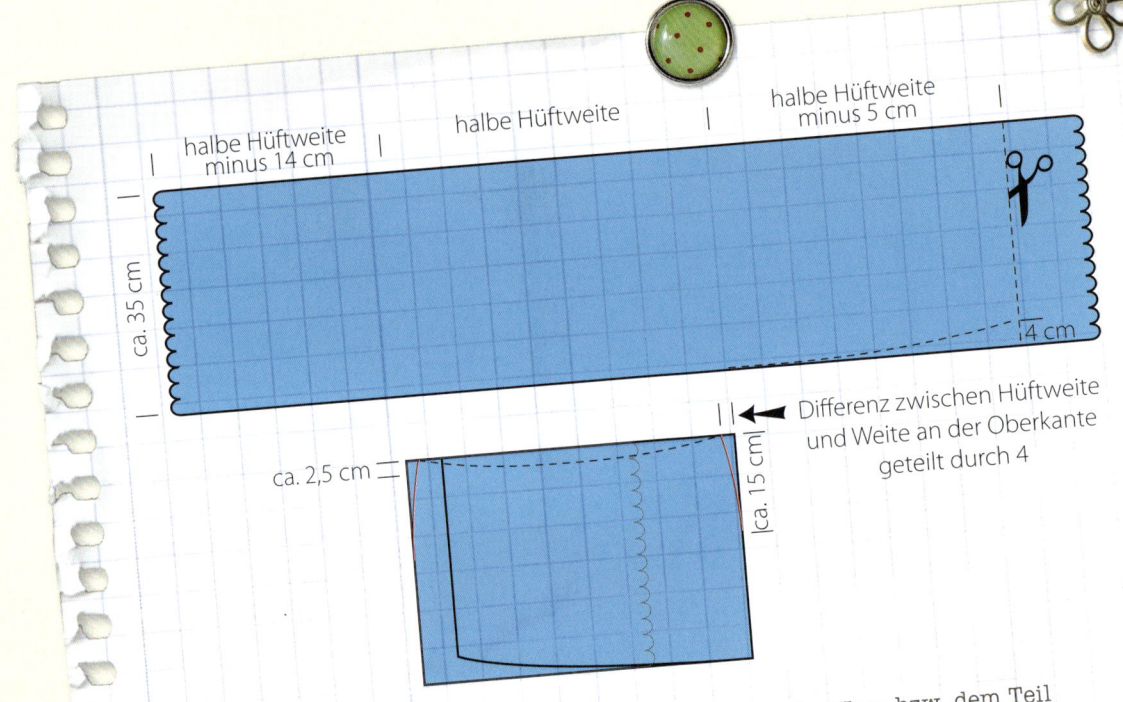

halbe Hüftweite minus 14 cm | halbe Hüftweite | halbe Hüftweite minus 5 cm

ca. 35 cm

4 cm

ca. 2,5 cm

ca. 15 cm

Differenz zwischen Hüftweite und Weite an der Oberkante geteilt durch 4

Material
- 35 cm Walk mit Blumen, 140 cm breit (Hemmers)
- 125 bis 160 cm passendes Satinband, 15 mm breit
- 1 Blumenknopf, Ø ca. 22 mm
- 1 flacher Knopf, Ø ca. 18 mm
- Woll- und Garnreste in passenden Farben

Zuschneiden: Über der Hose bzw. dem Teil über dem, der Cacheur getragen werden soll, die Hüftweite sowie die Weite messen, an der die Oberkante des Cacheurs sitzen soll, dabei das Maßband nicht stramm ziehen.
Den Cacheur zuschneiden, wie in der 1. Zeichnung oben zu sehen. Die Schmalseite mit Webkante liegt später am Vorderteil außen obenauf (= Übertritt), die geschnittene Schmalseite liegt später am Vorderteil innen darunter (= Untertritt). Das Rechteck falten, wie in der 2. Zeichnung gezeigt (linke Stoffseiten sind außen), und die Abnäher anzeichnen sowie die obere Kante abrunden. Falls die Differenz zwischen Hüftweite und oberer Kante größer als 12 cm ist, 2 zusätzliche Abnäher mit 7,5 cm Abstand zu beiden Seiten der hinteren Mitte einzeichnen. 1/3 der Differenz mit diesen beiden Abnähern ausgleichen, die anderen 2/3 an den Seiten abnähen.

So geht's

1 Die Abnäher entlang der eingezeichneten Linie nähen, dabei nach unten, zum Ende hin, die Abnäher zur Bruchkante schmal auslaufen lassen.

2 Den Stoff in den Abnähern bis ca. 0,75 cm an die Naht zurückschneiden. Im unteren Bereich des Abnähers, der schmaler als 0,75 cm ist, wird kein Stoff abgeschnitten. Im oberen Teil die Nahtzugaben auseinander, im unteren Teil zu einer Seite bügeln.

3 Der Cacheur wird mit Knöpfen und Schlaufen geschlossen. Für die Schlaufen aus den Walkresten ein ca. 25 cm langes und 5 mm breites Stück abschneiden. Passendes Garn und Wollreste in der gleichen Länge zuschneiden.

4 Die Nähmaschine zum Freihandsticken vorbereiten, siehe Seite 75, Stoff und Garne zusammen unter die Nähmaschine legen und mit Zickzackstichen übernähen. Dabei die Garne etwas zusammendrehen, damit die Kordel stabiler wird.

5 Von der Kordel ein 9 cm und ein 11 cm langes Stück abschneiden, die Stücke zu Schlaufen legen und die Enden mit Zickzackstichen 2,5 cm weit zusammennähen. Dabei die Zickzackbreite so einstellen, dass die Nadel auch durch die Kordel näht.

6 Die obere rechte Ecke des Cacheurs (an der geschnittenen Seitenkante) wie in der Abbildung gezeigt zurückschneiden.

7 An der anderen Ecke ebenfalls wie eingezeichnet ein Dreieck abschneiden. Das Satinband bündig an die Oberkante des Cacheurs stecken (auf die rechte Seite) und entlang der unteren Bandlängsseite schmalkantig festnähen. Dabei am Nahtanfang und Ende die Bandenden jeweils um die schräg abgeschnittenen Stoffkanten auf die linke Stoffseite schlagen. Überstehendes Band abschneiden. Den Cacheursaum sowie die geschnittene Seitenkante 2 cm breit nach links umbügeln und absteppen.

8 & 9 Den Walkstoff unter dem Band bis auf 0,5 cm an die Naht zurückschneiden. Dann die Cacheuroberkante nach links umbügeln, sodass von der linken Seite oberhalb des Bandes noch etwa 2 mm Stoff zu sehen sind. Die andere Satinbandlängsseite ebenfalls festnähen.

10 Die Schlaufen unter den Walk nähen. Die große Schlaufe an die Kante mit gewalktem Abschluss, die kleine an die umgenähte Seitenkante. Dabei die Schlaufe so festnähen, dass die Naht möglichst wenig zu sehen ist und in der bereits vorhandenen Absteppnaht verläuft. Damit die Schlaufen halten, müsst Ihr unbedingt darauf achten, durch die Kordeln zu nähen.

Den Cacheur anprobieren und in der gewünschten Weite die Positionen der Knöpfe markieren. (Achtung: Die Knöpfe rutschen beim Tragen immer an das Schlaufenende. Daher die Schlaufe lang ziehen und den äußersten Punkt der Schlaufe markieren.) Der Blumenknopf wird auf die Außenseite, der flache Knopf auf die Innenseite genäht.

Cacheur mit Bogenkante

Größe individuell anpassbar
Schablone 7 für die Bogenkante (grau unterlegt)
auf Bogen B

So geht's

Zuschneiden: Siehe Zeichnungen und Beschreibung „Zuschneiden" auf Seite 28.

Aus dem grünen Walk die Bogenkante zuschneiden: 1 Stück in der Länge der Cacheurunterkante + 4 cm und 1 Stück in der Cacheurhöhe + 4 cm. Dabei die schräge Kante wie in der Schablone eingezeichnet zuschneiden und in der anderen Richtung die Schablone bis zur gewünschten Länge neu ansetzen, siehe Zuschneideplan Bogenkante. Der Stoff liegt im Plan mit der linken Seite nach oben.

Zuschneideplan Bogenkante

11 Die beiden Stücke an den abgeschrägten Kanten rechts auf rechts aneinandernähen. Es entsteht eine Art „L". Die Nahtzugaben auseinanderbügeln.

12 Mit dem Kreiderad im Abstand von 1 cm zur geraden Kante eine Linie auf die rechte Seite des Walks zeichnen.

13 Das Rüschengummi ungedehnt links auf rechts an diese Markierungslinie legen (Rüschen zeigen zur Bogenkante, gerade Gummikante liegt an der Linie) und mit einem schmal eingestellten Zickzackstich (Stichbreite = ca. 1,5 mm; Stichlänge = 2–3) das Gummi festnähen. An der Ecke das Gummi in eine kleine Falte legen, sodass die Rüsche am Außenrand genug Weite hat, um flach zu liegen und nicht hochsteht.

14 Eventuell Stylefix auf die rechte Seite der geraden Kante am grünen Walk kleben. Das bordeauxfarbene Cacheurteil so auf den grünen Walk stecken bzw. kleben, dass das Gummi der Rüsche abgedeckt wird. An die innenliegende Seitenkante des Cacheurs (Untertritt) wird keine Bogenkante genäht.

15 Die Ecke am bordeauxfarbenen Walk leicht abrunden. Dann den Walk mit einem dreigeteilten Zickzackstich oder einem anderen elastischen (Zier-)Stich festnähen. Den Stich könnt Ihr ruhig

sehr breit einstellen. Die eventuell oben und an der Seite noch überstehende Bogenkante passend zum bordeauxfarbenen Walk gerade abschneiden.

16 An der oberen Ecke von der Bogenkante ein 1,5 x 1,5 cm großes Dreieck abschneiden. Die Abnäher wie auf Seite 30 unter Punkt 1 und 2 beschrieben nähen.

17 Die Satinkordel in 2 Stücke teilen und zu Schlaufen legen. Eine Schlaufe 1,5 cm weit auf das Ende des Satinbandes nähen, sodass die Enden der Schlaufe an der Schnittkante des Bandes liegen. Die Schlaufenenden mit Zickzackstichen festnähen und dabei darauf achten, dass die Nadel mehrfach durch die Kordel sticht. Das Bandende mit Schlaufe 1,5 cm nach links umschlagen und bündig auf der rechten Stoffseite an die linke obere Ecke des Cacheurs stecken (= Seite ohne Bogenkante). Von hier ausgehend das Band bündig an die gesamte Oberkante stecken. Dann das Band an der unteren Längsseite schmalkantig festnähen. Dabei am Nahtende das Bandende um die schräg abgeschnittene Stoffkante auf die linke Stoffseite schlagen und überstehendes Band abschneiden. Die 2. Schlaufe wie auf dem Bild zu sehen auf das Satinband nähen (nicht auf den Walk). Die Schlaufe liegt etwa 3 cm hinter der

Stoffkante, auf Höhe des Rüschengummis. Auch hier müsst Ihr unbedingt wieder durch die Kordel nähen, damit die Schlaufe hält.

Den Walkstoff unter dem Band bis auf 0,5 cm an die Naht zurückschneiden. Dann die Cacheuroberkante nach links umbügeln, sodass von der linken Seite oberhalb des Bandes noch etwa 2 mm Stoff zu sehen sind. Die andere Satinbandlängsseite ebenfalls festnähen.

Den Cacheur anprobieren und fertig stellen, wie auf Seite 31 beschrieben.

Material

- 35 cm Walk in Bordeaux, 140 cm breit
- 15 cm Walk in Grün, 140 cm breit
- 160 bis 190 cm Rüschengummi in Orange, 10 mm breit
- 125 bis 160 cm Satinband in Orange, 15 mm breit
- 16 cm Satinkordel in Bordeaux, Ø ca. 3 mm
- 2 flache Knöpfe, Ø ca. 18 mm
- Kreiderad (Prym)
- eventuell Stylefix (= doppelseitiges Klebeband für Textilien, z. B. von Farbenmix)

Geschickt gezippt

Zippertäschchen

Größe Mod. A: ca. 12 x 9 x 3 cm
Mod. B: ca. 9 x 9 x 9 cm
Mod. C: ca. 20 x 7 x 5 cm

Modell	Gurtband	Webband	Reißverschluss
A	70 cm	75 cm	95 cm
B	55 cm	60 cm	80 cm
C	95 cm	100 cm	120 cm

Material

Materialmengen siehe Tabelle
- Gurtband, 25 mm breit
- Webband, 12 bis 15 mm breit
- Reißverschluss, Meterware, 25 mm breit
- 1 passender Zipper
- 1 Schlüsselring, Ø ca. 20 mm
- Feuerzeug

1 cm

Mod. A: 9 cm
Mod. B: 8,5 cm
Mod. C: 6 cm

Markierung
Reißverschlussanfang

1 cm

Mod. A: 9 cm
Mod. B: 8,5 cm
Mod. C: 6 cm

Mit diesen Abständen am Gurtband jeweils Reißverschlussanfang und -ende bzw. Position der Schlaufe markieren

Mod. A

Mod. B

Mod. C

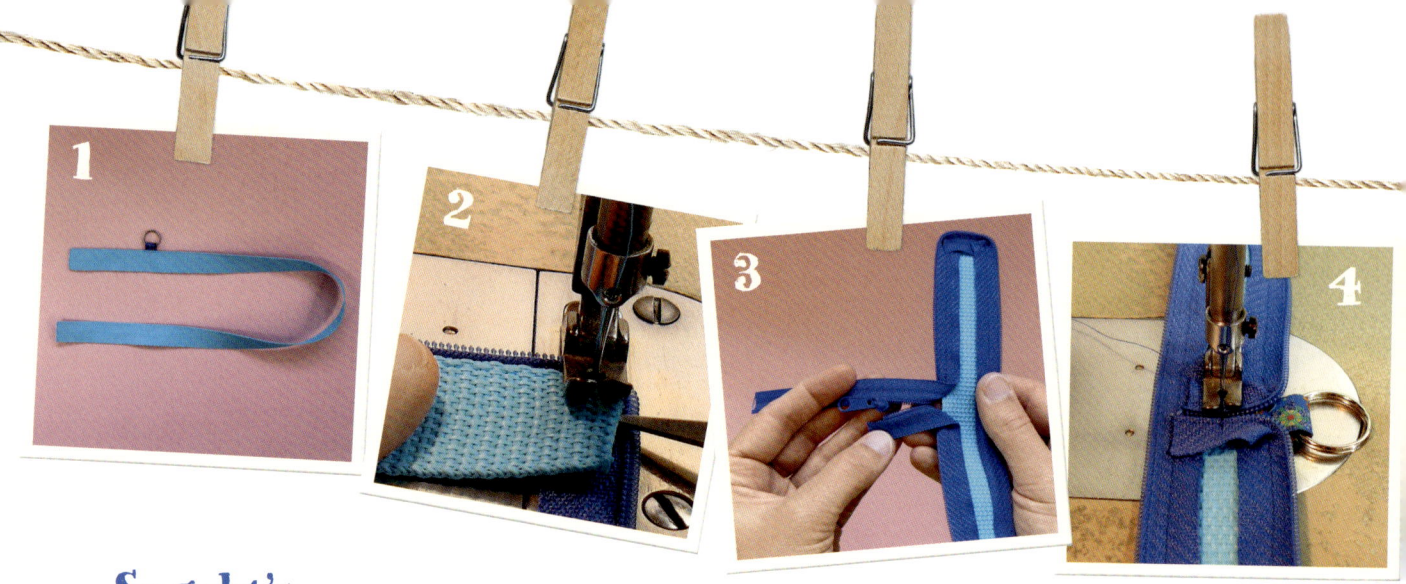

So geht's

1 Die Enden des Gurtbands mit dem Feuerzeug vorsichtig anschmelzen (draußen oder am offenen Fenster und das Band auf keinen Fall anfassen, bevor es abgekühlt ist), um ein Ausfransen zu verhindern, und anschließend 1 cm breit nach links umklappen. (Auf den Bildern sind die Enden nicht umgeschlagen. Da die Bänder aber an den verschmolzenen Kanten ganz unterschiedlich stabil sind, empfehle ich Euch, die Enden einzuschlagen.) Mit Bleistift oder Schneiderkreide die Markierungen für den Reißverschlussanfang und die Position der Schlaufe entsprechend der Skizze auf Seite 34 anzeichnen. Vom Webband ein 5 cm langes Stück abschneiden, den Schlüsselring auffädeln und das Webband zur Schlaufe legen. Die Schlaufe unter das Gurtband legen und schmal feststeppen.

2 Den Reißverschluss teilen. Ein Reißverschlussband unter das Gurtband legen, sodass es noch etwa 5 cm über die Markierung für den Reißverschlussbeginn hinausgeht. 0,5 cm hinter der Markierung die Naht beginnen (→ Verriegeln nicht vergessen!), dabei das Gurtband schmal absteppen und so das Reißverschlussband festnähen. Zwischen Gurtband und Reißverschlusszähnchen sollten etwa 2 bis 3 mm Platz sein. Bis zur Ecke nähen, die Nadel im Band lassen, dann das Füßchen anheben und das Band

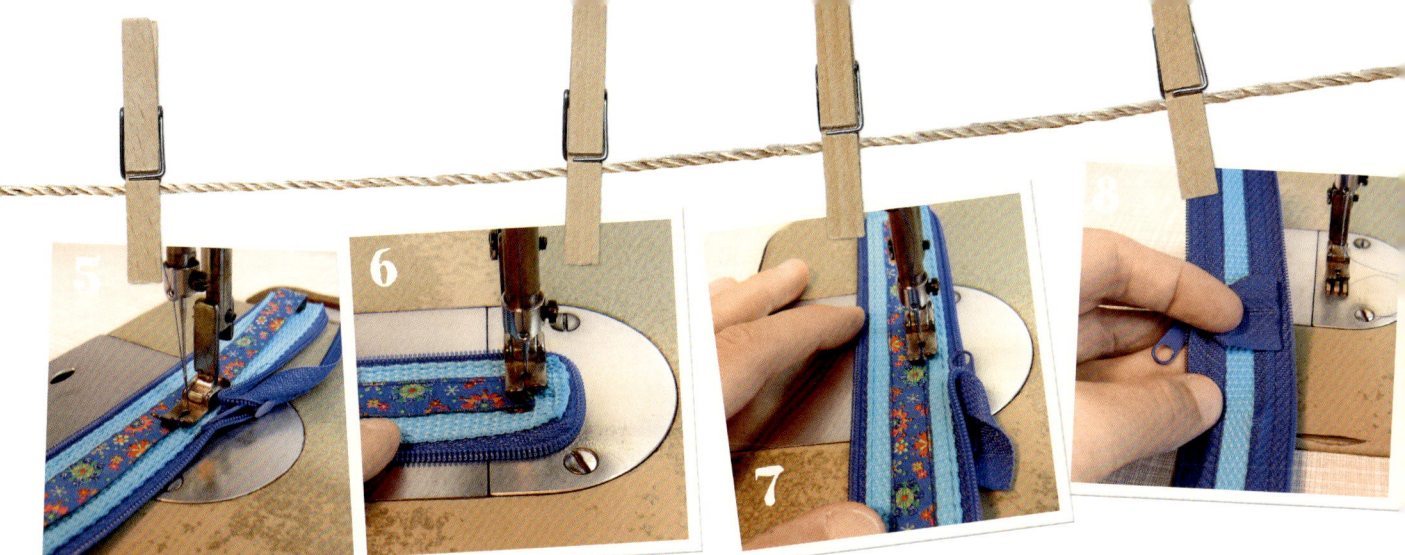

drehen. Mit einer kleinen Schere oder einem Naht-trenner den Reißverschluss in die richtige Position schieben. Wichtig dabei ist, dass der Abstand der Zähnchen zum Gurtband nicht kleiner wird, da sich der Reißverschluss sonst nicht gut um die Ecke ziehen lässt. Den Reißverschluss an der Schmalseite festnähen, die folgende Ecke entsprechend arbeiten und dann bis zum Beginn der Schlaufe weiternähen. Das 2. Reißverschlussband an der Schlaufe unter das Gurtband legen, sodass auch hier das Reiß-verschlussende noch ein paar Zentimeter über die Schlaufe hinausragt. Dann das Reißverschluss-band ab dem Ende der Schlaufe bis ca. 0,5 cm vor der Markierung für den Reißverschlussbeginn am anderen Gurtbandende wie beschrieben annähen.

3 An der Markierung den Zipper auffädeln. Dafür an einer Seite die Zähnchen (nur die Zähnchen, nicht das Band!) etwa 1 cm weit abschneiden. Die Bandenden so aneinanderhalten, dass der Abstand zum Gurtband gleich groß ist. Den Zipper mit der breiten Seite zuerst so weit auf das vollständige Band fädeln, dass die Zähnchen der abgeschnittenen Bandseite ungefähr an der breitesten Stelle des Zippers beginnen. Nun diese Zähnchen auch in den Zipper schieben, die Bandenden unterhalb des Zip-pers festhalten und den Zipper auf den Reißver-schluss ziehen. Die Bandenden möglichst weit außen

aufeinandernähen, um den Zipper zu sichern.

4 An der Schlaufe die Bandenden wie auf dem Foto zu sehen einschlagen und in der Gurtband-mitte festnähen. Die überstehenden Enden abschneiden und eventuell verschmelzen.

5 Das Webband mittig auf das Gurtband legen und rundherum schmal absteppen. Dabei am Reißver-schlussanfang beginnen, den Zipper so weit wie möglich öffnen und das Band erst ab dort feststep-pen, wo das Reißverschlussband parallel neben der Kante liegt.

6 An den Schmalseiten das Webband passend ab-schneiden, sodass es mit einem Einschlag von 1 cm ca. 0,5 cm vor der Gurtbandkante endet. An der Ecke wieder die Nadel im Band stecken lassen, das Füßchen heben, das Band drehen und dann die nächste Seite nähen.

7 Das Webband am Reißverschlussanfang wieder nur bis dort feststeppen, wo das Reißverschlussband noch parallel neben dem Gurtband liegt.

8 Auch hier die Gurtbandenden falten, wie auf dem Foto zu sehen. Der Zipper rutscht dabei ganz knapp unter das Gurtband. Das Webband auf der dem Zipper gegenüberliegenden Seite erneut in der bereits bestehenden Naht absteppen, um die Reißverschlussenden festzunähen. Reißverschluss schließen.

Lieblingsstücke

Hellblaues Shirt

Größe 34 bis 44
Schnittmuster 8A bis 8E
in Grau auf Bogen A

Material

- 145 cm Jersey, 140 cm breit (Westfalenstoffe)
- 160 cm Borte in Blau, ca. 1,5 cm breit
- 20 x 20 cm Vlieseline G405
- Jerseynadel und Zwillingsnadel für Jersey
- Kreiderad oder Aqua-Trickmarker (Prym)

Eventuell 35 cm Nahtband, falls Ihr einen sehr elastischen Stoff ausgesucht habt

Hilfreich – aber nicht unbedingt nötig – ist ein Obertransportfuß für die Nähmaschine

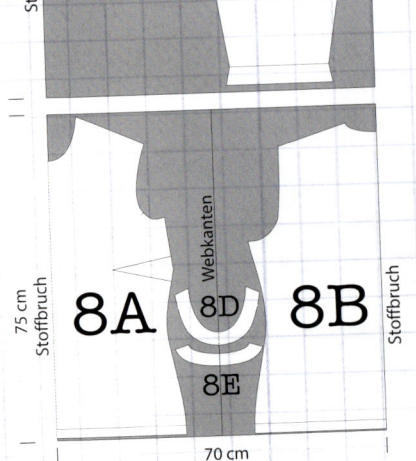

Zuschneideplan Hellblaues Shirt

Zuschnitt

- 1x Vorderteil A im Stoffbruch
- 1x Rückenteil B im Stoffbruch
- 2x Ärmel C
- 1x Vorderer Halsausschnittbeleg D im Stoffbruch
- 1x Hinterer Halsausschnittbeleg E im Stoffbruch

Bis auf die Säume könnt Ihr an diesen
Modellen alles auch ruckzuck mit der
Overlock zusammennähen.

So geht's

Zuschneiden: Die Teile mithilfe des Zuschneide-plans zuschneiden: Zuerst die Stoffkanten zur Mitte falten, um 2 → Stoffbrüche zu erhalten. Dann Vorder- und Rückenteil zuschneiden. Abnäher markieren, siehe Seite 66. Für die Belege D und E ein ausreichend großes Stück Stoff aus dem Rest zwischen Vorder- und Rückenteil im Faden-/ Maschenlauf zur Hälfte falten und die Teile im Bruch zuschneiden.

Anschließend die Stoffkanten des übrigen Stoffs aufeinanderlegen und die Ärmel wie im Zuschneide-plan zu sehen zuschneiden. Die Belegteile auch aus Vlieseline zuschneiden und auf die linken Seiten der Stoffteile bügeln.

1 Den vorderen und hinteren Beleg an den Schmal-seiten rechts auf rechts zum Ring zusammennähen. Die Nahtzugaben auseinanderbügeln. Die äußere Kante mit einem Overlock- oder Zickzackstich ver-säubern.

2 Bei querelastischen Stoffen an den Schultern des Rückenteils Nahtband auf der linken Seite an die Kanten bügeln. Schulternähte rechts auf rechts schließen, die Nahtzugaben zusammen versäubern und nach hinten bügeln. Belege rechts auf rechts an den Halsausschnitt stecken, dabei treffen die Belegnähte jeweils auf die Schulternähte, und rundum annähen.

Der Halsausschnitt ist bei diesem Modell so weit, dass er auch beim An und Ausziehen nicht stark gedehnt werden muss. Zudem schränken die mit Vlieseline verstärkten Belege die Elastizität stark ein, sodass Ihr hier mit dem normalen Geradstich nähen könnt. Sollen die Nähte dehnbarer sein, entweder mit einem Elastikstich, wie z.B. dem Dreifachgeradstich, oder einem schmal einge-stellten Zickzackstich nähen. Eventuell dann als Verstärkung der Belege dehnbare Einlage oder nur Formband verwenden.

Die Nahtzugabe an den Belegen bis auf 0,5 cm zurückschneiden, beide Nahtzugaben an den Rundungen bis dicht an die Naht einschneiden. Dann die Belege nach innen wenden, bügeln und mit der Zwillingsnadel (das ergibt auch wieder eine elastische Naht) oder 2 parallelen Nähten mit 1 cm Abstand zur Kante und 0,5 cm zueinander absteppen.

3 Die Abnäher schließen, siehe Seite 66, hier aller-dings den Stoff im Abnäher nicht wegschneiden, und nach unten bügeln. Dann die Ärmel mithilfe der → Nahtzeichen rechts auf rechts an Vorder- und Rückenteil nähen. Die Nahtzugaben jeweils zusammen versäubern.

4 Die Unterkanten der Ärmel und von Vorder- und Rückenteil versäubern, 4 cm breit nach links umbügeln und wieder auffalten. (Das Umbügeln geht einfach wesentlich leichter, bevor die Ärmel- und Seitennähte geschlossen sind.) Jeweils auf der rechten Stoffseite 3,5 cm oberhalb

der Bügelkanten Linien für die Borten anzeichnen, entweder mit Kreide, einem Kreiderad oder einem Aqua-Trickmarker. An den Ärmeln jeweils ein Stück Borte mittig über der eingezeichneten Linie

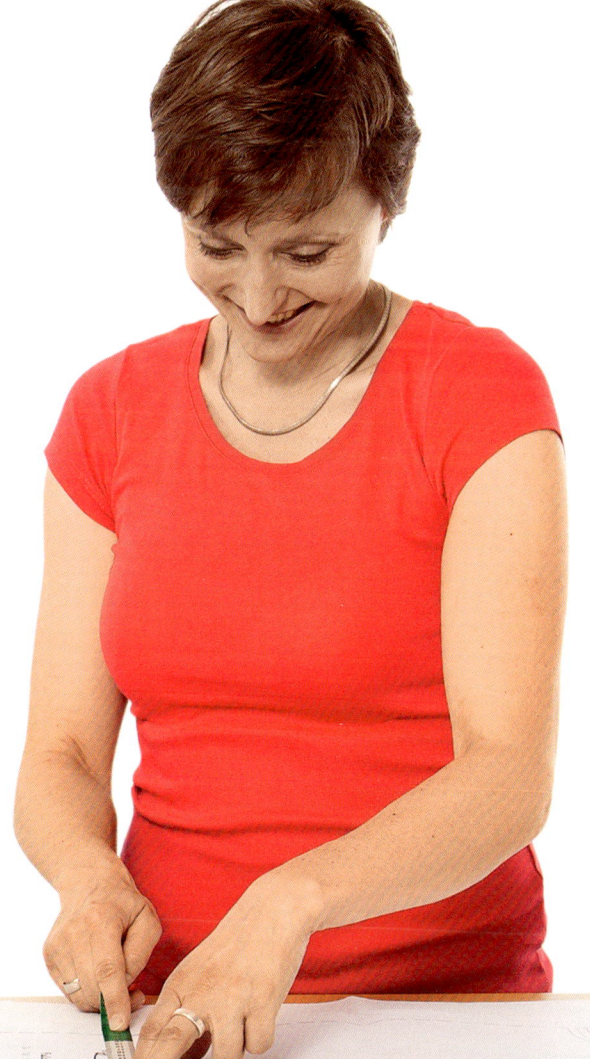

mit Zickzackstichen aufnähen. Falls die Borte an den Schnittkanten leicht ausfranst, an den Seiten zusätzlich ca. 1 cm stehen lassen und die Enden mit Zickzackstichen sichern.

5 Mit einem Obertransportfuß lassen sich elastische Stoffe besonders gut nähen. Der Obertransport (ein eigener Transporteur im Nähfuß, der sich durch eine Verbindung zur Nadelstange bei jedem Stich bewegt und dadurch den Stoff mitschiebt) verhindert ein Ausdehnen der Stoffe, das zu welligen Nähten führt.

Seiten- und Ärmelnähte in einem Arbeitsgang rechts auf rechts schließen, dabei besonders darauf achten, dass die Borten an den Ärmeln genau aufeinandertreffen. An einer Seitennaht an der Markierung für die Borte die Naht 1,5 cm offen lassen. Die Nahtzugaben zusammen versäubern (an der einen Seite nur bis zur Nahtöffnung) und in eine Richtung bügeln.

6 Den Anfang der Borte ca. 2 cm weit durch die Öffnung schieben, dann den Saum einschlagen und die Borte sowie den Saum rundum feststecken. Das Bortenende ebenfalls durch die Öffnung schieben, die Schnittkanten – falls nötig – wieder mit Zickzackstichen zusätzlich sichern. Die Borte rundum mit einem Zickzickstich aufnähen, dabei wird auch der Saum mitgefasst.

Die Ärmelsäume nach links einschlagen und mit einer 2. Naht über der Borte festnähen.

Shirt mit Kellerfalte

Größe 34 bis 44
Schnittmuster 8A bis 8C und 8F in Grau auf
Bogen A

So geht's

Zuschneiden: Die Teile mithilfe des Zuschneideplans zuschneiden: Zuerst die Stoffkanten zur
Mitte falten, um 2 Stoffbrüche zu erhalten. Dann
Vorder- und Rückenteil zuschneiden. Abnäher
markieren, siehe Seite 66. Für den Beleg F ein
ausreichend großes Stück Stoff aus dem Rest zwischen Vorder- und Rückenteil im Faden-/Maschen-
lauf zur Hälfte falten und das Teil im Bruch
zuschneiden.
Anschließend die Stoffkanten des übrigen Stoffs
aufeinanderlegen und die Ärmel wie im Zuschneideplan zu sehen zuschneiden.

1 Die Vlieseline auf den hinteren Beleg, das Nahtband an die vorderen Ausschnittkanten und die
Schultern bügeln (jeweils auf die linken Stoffseiten).
2 Den Beleg rechts auf rechts an den Halsausschnitt des Rückenteils nähen, die Nahtzugabe
des Belegs bis auf 0,5 cm zurückschneiden, beide
Nahtzugaben an den Rundungen bis dicht an die
Naht einschneiden. Schulternähte rechts auf rechts
schließen, Nahtzugaben zusammen versäubern
und nach hinten bügeln. Die offenen Kanten des
vorderen Ausschnitts und des Belegs versäubern.
3 Die Ausschnittkanten jeweils bis zum Einschnitt
1,5 cm nach links umbügeln. Das Webband mit
ca. 1 mm Abstand zur Kante auf die rechte Seite
nähen. Dafür das Band an beiden Seiten knapp
absteppen.
4 Dann das Vorderteil rechts auf rechts zur
Hälfte legen und die Kellerfalte 16 cm weit (bis
zum ★ im Schnitt) zunähen. Dazu die Nahtlinie
am besten mit Kreiderad und Lineal aufzeichnen
und dann genau auf der Linie nähen.

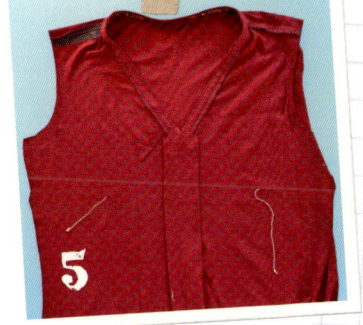

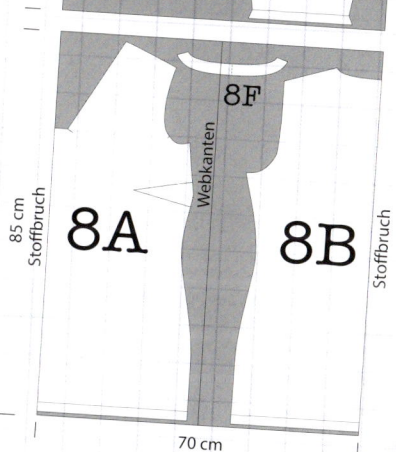

5 Die Falte flach bügeln, sodass die Mitte der
Falte genau über der Naht liegt. Am oberen Ende
die Nahtzugaben nach innen einschlagen und die
Falte von Hand an die Ausschnittkanten nähen.

Wie auf Seite 40 ab Punkt 3 beschrieben das Shirt
fertig nähen, dabei fällt hier die Borte an Ärmel-
und Shirtsaum weg. Die Säume entweder mit der
Zwillingsnadel, mit einem schmal eingestellten
Zickzackstich, einem Elastik- oder Wellenstich
absteppen.

Zuschnitt

• 1x Vorderteil A im Stoffbruch
• 1x Rückenteil B im Stoffbruch
• 2x Ärmel C
• 1x Hinterer Halsausschnittbeleg F
  im Stoffbruch

Den Beleg auch aus Vlieseline
zuschneiden.

Material

• 155 cm Jersey, 140 cm breit
  (Westfalenstoffe)
• 75 cm Webband, ca. 12 mm breit
• 5 x 25 cm Vlieseline G405
• 75 cm aufbügelbares Nahtband,
  2 cm breit
• Jerseynadel und eventuell eine
  Zwillingsnadel für Jersey
• Kreiderad (Prym)

Aus-Geh-Rock

Rock mit angesetztem Streifen

Größe 34 bis 44
Schnittmuster 9A und 9B in Grau,
15C und 15D in Schwarz auf Bogen B

Material

- 55 cm Feincord mit Blumenmuster, 140 cm breit (Bergs Stoffe)
- 110 bis 125 cm Borte in Lila, ca. 1 cm breit
- 40 x 55 cm Vlieseline G405
- Nahtverdeckter Reißverschluss, 22 cm lang (Prym)

Zuschneideplan Rock mit angesetztem Streifen

Zuschnitt

Bei Cordstoffen müsst Ihr auf die Strichrichtung achten. Die muss auf jeden Fall an allen Teilen in der gleichen Richtung laufen. Ich hab die Stoffe „mit dem Strich" verarbeitet, d. h. wenn man mit der Hand von oben nach unten über den Rock streicht, fühlt sich der Stoff glatt an.

- 1x Vorderteil 9A im Stoffbruch
- 1x Rückenteil 9B im Stoffbruch
- 1x Vorderer Beleg 15C im Stoffbruch
- 1x Hinterer Beleg 15D im Stoffbruch

Die Belegteile auch aus Vlieseline zuschneiden und auf die linken Seiten der Stoffteile bügeln.
Aus dem blauen Stoff je 1 Streifen à 9 cm Breite und in der Länge wie in der Tabelle angegeben zuschneiden.

Größe	Streifen Vorderteil	Streifen Rückenteil
34	47 cm	53 cm
36	49 cm	54,5 cm
38	51 cm	56 cm
40	53 cm	57,5 cm
42	55 cm	59 cm
44	57 cm	60,5 cm

In 2 verschiedenen Videos
zeig ich Euch, wie Ihr den
Reißverschluss einnäht und
wie Ihr dann die Belege
ordentlich dranbekommt.

So geht's

Zuschneiden: Die Teile mithilfe des Zuschneideplans und der Zuschnittliste zuschneiden. Abnäher markieren, siehe Seite 66. Die Seitenkanten der Rockteile versäubern. Die Abnäher schließen, siehe Seite 66, Punkt 2. Den Reißverschluss einnähen und die Belege annähen wie bei der Hose auf Seite 80/84, Punkt 5 bis 16 beschrieben.

1 Die blauen Streifen an den Unter- und Seitenkanten versäubern und zunächst an einer Schmalseite rechts auf rechts zusammennähen. Die Nahtzugaben auseinanderbügeln. Dann für den Saum die versäuberten Längsseiten 2 cm breit nach links umbügeln. Anschließend den Saum wieder aufklappen und die verbliebenen Schmalseiten zusammennähen, dabei zunächst nur den oberen Zentimeter nähen, 1,5 cm offen lassen und dann den Rest der Naht schließen.

2 Den entstandenen Ring rechts auf rechts an die Rockunterkante nähen, dabei treffen die Ringnähte jeweils auf die Seitennähte. Die Nahtzugaben zusammen versäubern und nach oben bügeln. Dann die Naht schmal absteppen. Den Anfang der Borte von rechts etwa 3 cm weit durch die Nahtöffnung im angesetzten Streifen schieben und dann die Borte fortlaufend rundum dicht unter der Ansatznaht an der Oberkante schmalkantig festnähen. Das Ende der Borte ebenfalls durch die Nahtöffnung schieben.

3 Die Enden der Borte dicht neben der Öffnung von innen rechts auf rechts zusammennähen, auseinanderbügeln.

4 Dann die Unterkante der Borte schmal feststeppen, dabei auch die Enden fixieren.

Rock in Bordeaux

Größe 34 bis 44
Schnittmuster 9A und 9B in Grau, 15C und 15D
in Schwarz auf Bogen B

So geht's

Zuschneiden: Die Rockteile 9A und 9B mithilfe des Zuschneideplans auf Seite 44 und der Zuschnittliste zuschneiden, achtet dabei auf die Strichrichtung, siehe auch Seite 44. Die Belegteile C und D werden aus dem Belegstoff zugeschnitten. Auch hier werden – wie im Zuschneideplan gezeigt – die Webkanten zur Mitte gefaltet, sodass 2 Stoff-

Zuschnitt

- 1x Vorderteil 9A im Stoffbruch
- 1x Rückenteil 9B im Stoffbruch
- 1x Vorderer Beleg 15C im Stoffbruch
- 1x Vorderer Beleg 15D im Stoffbruch

Die Belegteile auch aus Vlieseline zuschneiden und auf die linken Seiten der Stoffteile bügeln.

Material

- 50 cm Cord in Bordeaux, 140 cm breit
- 15 cm farblich passender, fester, aber nicht ganz so dicker Stoff für die Belege, 140 cm breit
- 40 x 55 cm Vlieseline G405 (Freudenberg)
- Nahtverdeckter Reißverschluss, 22 cm lang (Prym)

brüche entstehen. Den Rock nähen, wie auf der vorhergehenden Seite beschrieben.

5 Damit der Flor vom Cord nicht plattgebügelt wird entweder – ganz profimäßig – auf einem Nagelbrett bügeln. Wer das nicht hat, kann ein Reststück vom Cord oder ein flauschiges Frottierhandtuch unterlegen.

6 Bei dickeren Stoffen die Nahtzugaben der Belege bis auf 5 mm an die Naht zurückschneiden, damit die Naht nicht so dick wird.

Rundum schön

Grüne Stulpen

Größe S bis L
Schnittmuster 10 (grau unterlegt)
auf Bogen B

Material

Die unterschiedlichen Angaben für die Größen S bis L stehen hintereinander, durch Schrägstriche voneinander getrennt.
• 30 x 45/50/55 cm Walkstoff in Grün
• 30 x 45/50/55 cm Nicki in Himbeer
• 45/50/55 cm Rüschengummi in Orange, ca. 10 mm breit

Um das Schnittmuster zu kopieren, ein 40 x 30 cm großes Stück Papier oder Folie zur Hälfte falten (= 20 x 30 cm), mit der Falt-kante an den eingezeichneten Stoffbruch der Vorlage legen und das Schnittmuster an der äußeren Kontur (= Schnittkante des Nickis) aufzeichnen. Die Schnittkanten für den Walk ebenfalls aufzeichnen. Das Muster aus dem gefalteten Papier bzw. Folie ausschneiden, sodass ein komplettes Schnittmuster ent-steht. Für den Walk das Schnittmuster an der Ober- und Unterkante wie eingezeichnet umklappen.

Zuschnitt

• Aus Walk: 2 Stulpenteile von Schnittkante B bis C
• Aus Nicki: 2 Stulpenteile von Schnittkante A bis D
Die Daumenausschnitte durch kleine Einschnitte in die Nahtzugaben markieren.

Damit Ihr den Dreh schnell raus habt, gibt's ein Video zum Füttern der Stulpen.

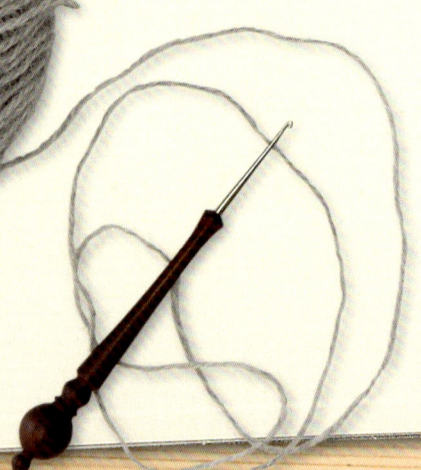

Hier kommen die gehäkelten
Kringel ganz groß raus.

Schön und warm - und dank des Nicki-Innenfutters
das genaue Gegenteil von kratzig

So geht's

1 Das Rüschengummi halbieren und ein Stück 0,5 cm breit rechts auf rechts an die Oberkante eines Stulpenteils nähen, dabei zeigt die Rüschenkante nach unten.

2 Das Nickiteil rechts auf rechts über das Walkteil legen und die Oberkanten mit 0,5 cm, die Unterkanten mit 1 cm Nahtbreite zusammennähen. Die Nahtzugaben zum Nicki bügeln.

3 Den entstandenen Ring rechts auf rechts zur Hälfte legen, sodass sowohl die Seitenkanten des Nickis als auch des Walks aufeinanderliegen. Die Kanten bis auf die Daumenausschnitte und die Wendeöffnung zusammennähen. An den Übergängen darauf achten, dass die Ansatzkanten zwischen Nicki und Walk genau aufeinandertreffen. So, wie der „Stulpenring" auf dem Foto zu sehen ist, die äußere Walklage und die äußere Nickilage an den Daumenausschnitten rechts auf rechts aufeinandernähen. Die innenliegenden Stofflagen dabei nicht mitfassen.

4 Dann den Ring umdrehen, sodass die beiden anderen Stofflagen außen liegen und auch hier Walk und Nicki am Daumenausschnitt rechts auf rechts aufeinandernähen.

Die Stulpe wenden und bügeln, sodass der Nicki sich um die Nahtzugaben legt und oben etwa 0,7 cm, unten ca. 1,2 cm breit zu sehen ist, siehe Modellfoto. Die Kanten im Nahtschatten (also genau zwischen Nicki und Walk) absteppen. Die Wendeöffnung mit Matratzenstichen schließen, siehe Seite 57. Die 2. Stulpe entsprechend arbeiten.

Graue Stulpen

Größe S bis L
Schnittmuster 10 (grau unterlegt)
auf Bogen B

So geht's

Zuschneiden: siehe Liste für grüne Stulpen
auf Seite 48.

5 Nicki und Walkteile jeweils an den Oberkanten
mit 0,5 cm Nahtbreite zusammennähen. Die Nahtzugaben in den Nicki bügeln.

6 Mit der dünnen Häkelnadel von außen durch den
Walk stechen, den Faden holen und eine Schlinge
aufziehen. Beim 1. Kringel das Fadenende auf

der Innenseite ca. 20 cm hängenlassen, bei den
folgenden Kringeln den Faden jeweils so weit herausziehen, dass der Verbindungsfaden zwischen
den Kringeln leicht gespannt ist. Den Faden der
Schlinge so über die Finger legen, dass das Garn
beim Häkeln vom Knäuel abgewickelt wird. Dicht
neben dem Austrittspunkt der Schlaufe durch den
Stoff stechen, etwa 3 mm weiter wieder nach oben
ausstechen. Den Faden durchholen und so die
Anfangsschlinge zum Häkeln bilden.

7 & 8 Für einen kleinen Kringel 2 Luftmaschen
häkeln, dann in die 1. der beiden Luftmaschen
12 feste Maschen arbeiten. Für die mittleren Kringel
entsprechend 3 Luftmaschen und 12 halbe Stäbchen, für die großen Kringel 4 Luftmaschen und
16 Stäbchen häkeln. Die Runden jeweils mit einer
Kettmasche in die 1. Masche der Runde schließen.
(Eine kurze Beschreibung der Grundmaschen findet
Ihr ab Seite 86.)

Material

- 30 x 45/50/55 cm Walkstoff in Grau
- 30 x 45/50/55 cm Nicki in Magenta
- Flauschiges Garn für Häkelnadel Stärke 2–3
  (z. B. Alpakagarn, Lauflänge ca. 165 m/50 g)
- Häkelnadeln Nr. 1,5 und 2
- Rocailles in Rosa und Aubergine, Ø 2 mm
- Rocailles in Aubergine, Ø 4,5 mm
- Dünne Nähnadel zum Annähen der Perlen

Für die Häkelanfänger unter
Euch, gibt's ein Video mit
den Grundlagen.

9 Dann 2 bzw. 3 oder 4 Luftmaschen häkeln …

10 … die Schlinge von der Nadel nehmen, weit aufziehen und um den Kringel legen.

11 Den Faden auf der Rückseite fassen und so zusammenziehen, dass sich die Schlinge um den Kringel legt. Die nächsten Kringel genauso arbeiten, dabei die Größen und Abstände variieren. Nach dem letzten Kringel, den Faden ebenfalls auf die Rückseite ziehen, abschneiden und vernähen.

12 Die Perlen, wie auf dem Foto zu sehen, auf die Kringel nähen. Dabei die Perlen entweder ringsum auf die äußeren Abmaschglieder nähen (in jedes oder in jedes 2.), mehrere Perlen in der Kringelmitte aufnähen oder in der Mitte zuerst eine große Perle auffädeln, dann eine kleine Perle aufnehmen und die Nadel durch die große Perle zurückführen, sodass die kleine Perle auf der großen sitzt und diese hält. Zwischendurch immer wieder kleine Stiche nur durch den Stoff arbeiten, um den Faden gut zu fixieren.

Die Unterkanten von Nicki und Walk jeweils 1 cm breit rechts auf rechts aufeinandernähen. Die Nahtzugaben zum Nicki bügeln.

Dann die Stulpen fertig stellen wie auf Seite 50 ab Punkt 3 beschrieben.

Stulpen mit Häkelkante

Größe S bis L
Schnittmuster 10 (grau unterlegt)
auf Bogen B

Zuschnitt

• Aus Walk: 2 Stulpenteile von Schnittkante A bis C
• Aus Nicki: 2 Stulpenteile von Schnittkante B bis D
Die Daumenausschnitte durch kleine Einschnitte in die Nahtzugaben markieren.

So geht's

Die Stulpen zusammennähen, wie auf Seite 50 unter Punkt 2 bis 4 beschrieben. Dann die Stulpen wenden, die Unterkanten wie beschrieben bügeln und nähen und die Oberkanten so bügeln, dass der

Material

• 30 x 45/50/55 cm Walkstoff in Anthrazit
• 30 x 45/50/55 cm Nicki in Himbeer
• Sockenwolle in Himbeer
  (Lauflänge ca. 420 m/100 g, es reicht ein Rest)
• Häkelnadel Nr. 1,5

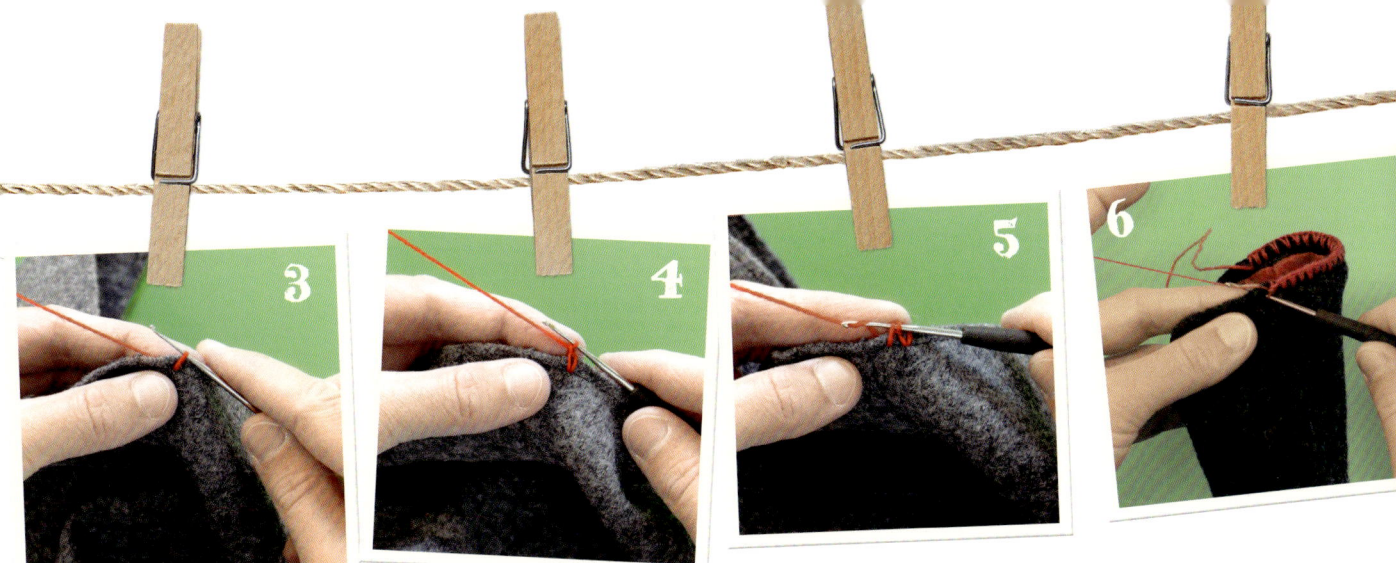

Walk etwa 1 cm über den Nicki hinausragt. Damit die Kante zum Umhäkeln nicht zu dick wird, werden die Nahtzugaben hier nach unten gebügelt, also in den Nicki. Die Oberkante 0,5 cm breit absteppen. Die Wendeöffnung mit Matratzenstichen schließen, siehe Seite 57.

3 Mit der Häkelnadel dicht unter der Steppnaht durch den Stoff stechen und eine Schlinge durchholen.

4 Dann 2 Luftmaschen häkeln.

5 Wieder knapp unterhalb der Steppnaht einstechen, den Faden durchholen und 1 feste Masche häkeln.

6 Punkt 4 und 5 fortlaufend wiederholen und nach der Häkelschrift arbeiten. (Wie Ihr Häkelschriften lesen könnt, steht auf Seite 86.) Die Runde am Ende mit einer Kettmasche schließen. Wie gezeichnet eine weitere Kettmasche häkeln, um zur nächsten Runde überzugehen. In der Häkelschrift ist die 1. Runde schwarz, die 2. grau und die 3. wieder schwarz gezeichnet. Ab der 2. Runde werden die Maschen jeweils um die darunterliegenden Luftmaschen gehäkelt, das ist viel einfacher als durch die Luftmaschen zu stechen. Nach der 3. Runde den Faden abschneiden und vernähen. Die 2. Stulpe entsprechend umhäkeln.

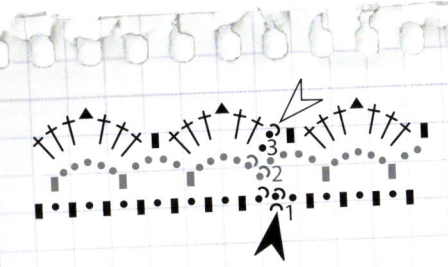

Häkelschrift und Zeichenerklärung

Die einzelnen Maschen werden ab Seite 86 erklärt.

- ● = 1 Luftmasche
- ∩ = 1 Kettmasche
- ❙ = 1 feste Masche
- ▲ = 1 Picot (4 Luftmaschen, dann 1 feste Masche in die 1. Luftmasche häkeln)
- † = 1 Stäbchen
- ➤ = Anfang
- ➣ = Ende

Und auch die Häkelkante gibt's im Film.

Kabelbinder-Kissentrick

Nadelkissen und Sitzkissen

Größe ca. 8 x 8 x 3 cm und
40 x 40 x 13 cm
Schnittmuster 11A bis 11C
in Schwarz auf Bogen A

Material Sitzkissen

- 25 x 95 cm Leinen (Frowein)
- 25 x 70 cm Patchworkstoff in Türkis (Zweigart)
- 25 x 45 cm Patchworkstoff in Grün (Zweigart)
- 5 x 5 cm Stoff in Rot für den Knopf
- 45 x 85 cm Volumenvlies H630 (Freudenberg)
- 2 Knopfrohlinge zum Beziehen, Ø 29 mm (Prym)
- ca. 700 g Füllwatte
- 1 Kabelbinder, ca. 15 cm lang

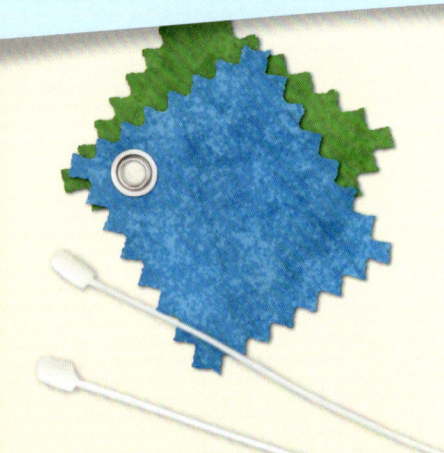

Zuschneidepläne für das Sitzkissen

Stoff in Türkis

70 cm

25 cm

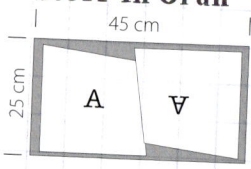

C A B C A B C C B B

Leinen

95 cm

25 cm

C A B C A B C A B C A B

Stoff in Grün

45 cm

25 cm

A A

Zuschnitt

Sitzkissen

Stoffe mithilfe der Zuschneidepläne
zuschneiden.

Aus dem Vlies 2 Quadrate à 41,5 x 41,5 cm
zuschneiden.

Nadelkissen

- Leinen: 2 Quadrate à 6 x 6 cm
- Bunte Stoffe: je 2 Quadrate à 6 x 6 cm
- Vlies: 2 Quadrate à 7,5 x 7,5 cm

Material Nadelkissen

- 10 x 15 cm Leinen (Frowein)
- je 10 x 15 cm bunte Patchworkstoffe, 3 verschiedene Muster
- 10 x 15 cm Volumenvlies H630 (Freudenberg)
- 2 Magnetknöpfe (Nähzimmer) oder 2 Knopfrohlinge zum Beziehen, Ø 29 mm (Prym) und 2 Scheiben-magnete, 15 mm Ø, 3 mm dick
- Füllwatte
- 1 Kabelbinder, ca. 15 cm lang

So geht's

1 Für das Sitzkissen werden zuerst die einzelnen Quadrate zusammengesetzt. Dazu Teil B zwischen den → Nahtzeichen ■ und ▶ rechts auf rechts an Teil A nähen, die Nahtzugaben in eine Richtung bügeln. Dann Teil C zwischen den Nahtzeichen ● und ▲ rechts auf rechts an die beiden anderen Teile nähen, die Nahtzugaben wieder in eine Richtung bügeln.

2 Ober- und Unterseite der Kissen bestehen aus jeweils 4 Quadrate. Zuerst je 2 Quadrate, wie auf den Bildern zu sehen, zusammennähen. Dabei an den späteren Außenkanten (siehe Pfeile) die Nähte nur bis 1 cm vor der Stoffkante schließen. Nahtanfang und -ende gut → verriegeln. Die Nahtzugaben auseinanderbügeln.

Dann jeweils die beiden Rechtecke rechts auf rechts zusammennähen. Dabei wieder den letzten Zentimeter bis zu den Stoffkanten, diesmal an beiden Seiten, und außerdem noch in der Mitte für den Kabelbinder ein 0,75 cm großes Stück offen lassen. Die Nahtzugaben auseinanderbügeln.

3 In die Mitten der Vliesquadrate gut 1 cm große Löcher schneiden. Dazu die Quadrate 2x zur Hälfte falten und an der geschlossenen Ecke (= Mitte) eine kleine Ecke abschneiden. Die Vliesquadrate jeweils auf die linken Seiten der Kissenteile bügeln. Auch beim Zusammennähen von Kissenober- und -unterseite wird immer nur bis

1 cm vor die Stoffkante genäht. Genauer wird das Ganze, wenn Ihr Euch die Eckpunkte mit einem Trickmarker aufzeichnet. Die Kissenteile, wie auf dem Foto zu sehen, aufeinanderlegen und genau ab der Markierung bis zur Naht in der Seitenmitte nähen. Beim untenliegenden Teil beginnt die Naht genau in der Seitenmitte und endet an der Eckmarkierung. Dadurch, dass jeweils die Ecke des Oberteils auf die Seitenmitte des Unterteils trifft (und umgekehrt) erhält das Kissen seine Form.

4 Der Stoff muss an der Nahtzugabe nicht eingeschnitten werden, da die Nähte ja nicht bis zum Rand geschlossen sind. Nur das Vlies wird bis zum Nahtende eingeschnitten.

5 Dann die nächsten beiden Kanten aufeinandernähen. Dazu dreht Ihr das obere Teil ab dem Nahtende um 90°. Genau am Nahtende wieder beginnen und bis zur Markierung nähen.

Die anderen Kanten entsprechend zusammennähen. An der letzten Kante eine Wendeöffnung frei lassen. Dazu am Nadelkissen nur an den Ecken jeweils 1 cm der Naht schließen, beim Sitzkissen in der Mitte der Naht eine ca. 10 cm große Öffnung lassen.

6 Das Kissen wenden und die Ecken gut herausdrücken. Je genauer Ihr an den Eckpunkten genäht habt, umso besser lassen sich die Ecken

herausdrücken, ohne die Nahtzugaben zurückzu-
schneiden. Dadurch werden die Ecken reißfester.

7 Wenn Ihr keine fertigen Knöpfe verwendet,
bezieht Ihr jetzt die Knöpfe
mit dem gewünschten
Stoff. Wie das geht,
steht auf der
Packung. Für ein
magnetisches Nadel-
kissen, legt Ihr in
die Knopfrohlinge
jeweils noch einen
Magnet ein.

Damit der Knopf später nicht rappelt, den rest-
lichen Hohlraum mit einem Stück Volumenvlies oder
Füllwatte füllen. Den Kabelbinder von innen durch
das 1. Loch in der Mitte stecken, außen einen Knopf
auffädeln. Das Ende des Kabelbinders durch das
Kissen und das Loch auf der anderen Seite stecken,
dann den 2. Knopf außen auffädeln. Das Ende des
Kabelbinders wieder ins Kisseninnere führen, den
Kabelbinder schließen und so weit wie Ihr möchtet
zusammenziehen.

Das Kissen ausstopfen und die Nahtzugaben an
der Öffnung nach innen einschlagen.

8 Die Öffnung mit einem Matratzenstich schließen.
Dazu das Fadenende unsichtbar vernähen und am
Beginn der Öffnung ausstechen. Auf gleicher Höhe
in die gegenüberliegende Kante einstechen, * die
Nadel durch den Stoff führen und an derselben
Kante wieder ausstechen. Erneut auf gleicher
Höhe in die gegenüberliegende Kante einstechen.
Ab * fortlaufend wiederholen, den Faden so
fest anziehen, dass die beiden Kanten anein-
andergezogen werden. Am Ende der Naht
den Faden gut vernähen und abschneiden.

A4-tauglich

Umhängetasche

Größe ca. 37 x 39 cm
Schnittmuster 12A bis 12E in Pink
auf Bogen B

Zuschneideplan Tasche

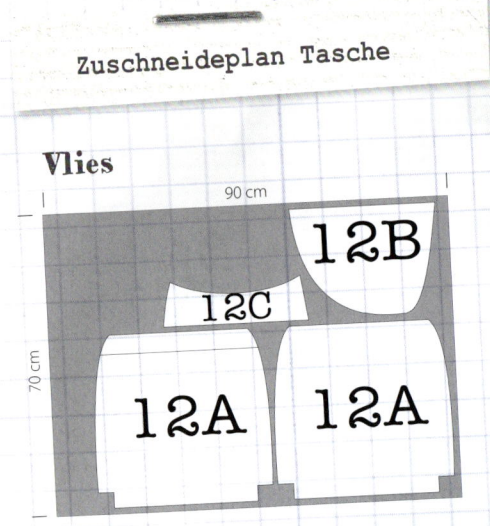

Vlies

90 cm

70 cm

12B
12C
12A 12A

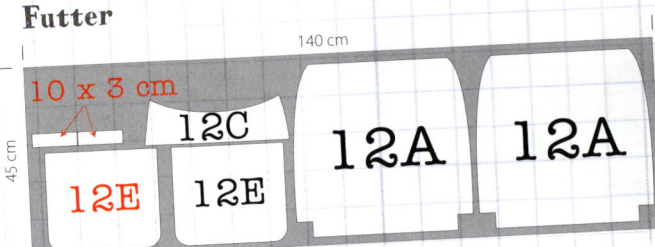

Futter

140 cm

45 cm

10 x 3 cm

12C
12E 12E
12A 12A

Jeansdruck

140 cm

50 cm

10 x 3 cm

12E 12B
12B D D
12C
12A 12A

Zuschnitt

Die Zuschneidepläne zeigen die Stoffe mit
der linken Stoffseite nach oben, beim Vlies
ist die nicht-klebende Seite oben.

Aus dem Oberstoff 2 Streifen à 10 x 3 cm
für den Reißverschlussstreifen zuschneiden.

Die rot beschrifteten Teile braucht Ihr nur,
wenn Ihr eine Innentasche ins Futter nähen
wollt. (1x 12E und 2 Streifen à 10 x 3 cm
aus Futter)

Material

- 50 cm Baumwollstoff mit Jeansdruck, 140 cm breit (Hemmers)
- 45 cm Futterstoff mit Punkten, 140 cm breit
- 70 cm Volumenvlies H630, 90 cm breit (Freudenberg)
- 2 D-Ringe für 25 mm breites Band, messingfarben (Prym)
- 2 Karabiner für 25 mm breites Band, messingfarben (Prym)
- 1 Magnet-Taschenverschluss zum Aufnähen in Braun, 2-teilig (Prym)
- 1 Metallreißverschluss, 20 cm lang, 30 mm breit (Prym)
- 110–120 cm Gurtband in Braun, 25 mm breit
- Knopflochgarn (dickeres Nähgarn) in Braun
- Eventuell für die Innentasche: 1 Reißverschluss, 20 cm lang, 30 mm breit

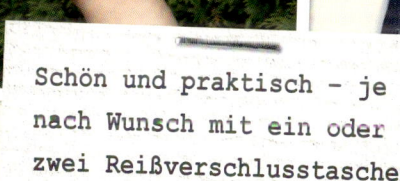

Schön und praktisch – je nach Wunsch mit ein oder zwei Reißverschlusstaschen

So geht's

Zuschneiden: Für Teil A 40 x 45 cm Schnitt-musterpapier oder -folie zur Hälfte falten (= 20 x 45 cm), mit der Faltkante auf dem Bogen an den eingezeichneten Stoffbruch legen. Dann das Teil aufzeichnen und aus dem noch gefalteten Papier ausschneiden. So bekommt Ihr ein komplettes Schnittmuster für die Vorder- und Rückseite. Die Teile mithilfe der → Zuschneidepläne und der Zuschnittliste zuschneiden.

1 Die kleinen Streifen aus Oberstoff zu beiden Seiten rechts auf rechts an den Reißverschluss nähen (die Streifen liegen dabei auf dem Reißverschluss). So dicht wie möglich am Reißverschluss nähen (aber auf keinen Fall über die Metallteile), eventuell einen Reißverschlussfuß verwenden oder die Nadel-position ganz nach außen stellen, falls möglich. Die Streifen nach außen bügeln und → knapp und 0,5 cm breit absteppen.

2 Die Taschenrückseite an der eingezeichneten Linie teilen. Den Reißverschlussstreifen rechts auf rechts mit 0,75 cm Nahtbreite dazwischensetzen sodass wieder eine komplette Rückseite entsteht. Um dabei am Zipper vorbeinähen zu können, bis an den Zipper nähen, die Nadel im Stoff lassen, das Füßchen anheben und den Zipper vorsichtig an der Nadel vorbeiziehen. Dann die Naht fortsetzen. Den Futtertaschenbeutel E mittig über dem Reiß-verschluss an die untere Naht legen (dazu die

Taschenrückseite an der unteren Naht rechts auf rechts falten, die Oberkante des Taschenbeutels mit der rechten Seite nach unten bündig an die Kante stecken, sodass der Beutel auf dem oberen Teil der Taschenrückseite liegt). und noch einmal durch die bereits bestehende Naht nähen, um so den Taschenbeutel festzunähen. Unteres Taschen-teil und den Taschenbeutel vom Reißverschluss weg nach unten bügeln und die Naht von außen schmal und 0,5 cm breit absteppen.

3 Den Oberstofftaschenbeutel entsprechend an die obere Naht nähen, das obere Teil der Taschenrück-seite nach oben, den Taschenbeutel nach unten bügeln und die Naht ebenfalls schmal und 0,5 cm breit absteppen. Die Taschenbeutel passend aufein-anderstecken und auf die gleiche Größe zurück-schneiden. Die Taschenrückseite wegklappen und nur die Taschenbeutel an den Seiten und am unteren Rand zusammennähen.

4 Das verstärkte Teil B rechts auf rechts an den oberen Rand der Rückseite, Teil C an die Vorder-seite nähen. Die Nahtzugaben auseinanderbügeln und zu beiden Seiten der Naht knapp absteppen.

5 Vorder- und Rückseite rechts auf rechts auf-einanderlegen und an den Seiten und am Boden zusammennähen. Oben beginnen die Nähte jeweils erst einen Zentimeter unterhalb der Stoffkante, die Nahtzugaben werden also nicht mit festgenäht.

Unten bleiben die Ecken offen. Die Nahtzugaben an den Seiten nach hinten, am Boden nach vorne bügeln und die Nähte knapp absteppen.

6 Die Ecken auseinanderziehen und so rechts auf rechts legen, dass jeweils die Seitennaht auf die Bodennaht trifft. Die Nahtzugaben zeigen dabei in verschiedene Richtungen. Die Ecken 1 cm breit zusammennähen.

7 Die Halterungen für die D-Ringe rechts auf rechts zur Hälfte legen zwischen den Nahtzeichen ◆ und ● zusammennähen, die Nahtzugaben an der Spitze schräg abschneiden und die Ecke wenden, sodass die Naht jeweils in der Mitte des Teils liegt. Die Ecken bügeln, dann die Seiten rechts auf rechts aufeinandernähen und die Halterungen wenden. Die D-Ringe jeweils auf die schmale Seite (= Oberkante) fädeln, die Kante ca. 2 cm nach links umschlagen und die Lagen so nah wie möglich am D-Ring zusammennähen. Besonders gut geht das mit einem Reißverschlussfuß.

8 Die Halterungen jeweils wie eingezeichnet mittig über der Seitennaht schmal feststeppen (an den Seiten- und der Unterkante sowie entlang der bereits bestehenden Naht an der Oberkante).

9 Für eine Futter-Innentasche teilt Ihr die Futter-Taschenrückseite an der eingezeichneten Linie und näht wie beschrieben die Reißverschlusstasche ein. Hier fällt der untere Taschenbeutel weg. Stattdessen wird der obere Taschenbeutel einfach an die Rückseite genäht. Dazu den Reißverschluss schließen und den Taschenbeutel an den Seiten und dem unteren Rand auf das Futter nähen.

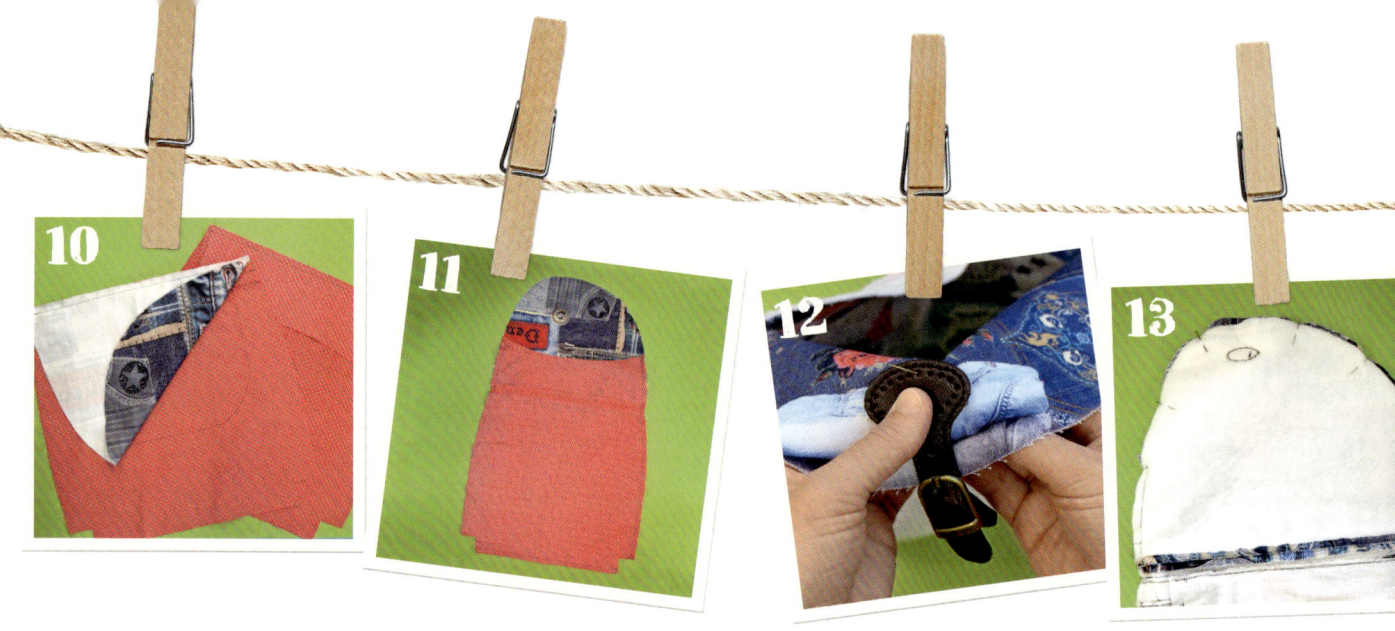

10 An die Oberkante der Futterrückseite die 2. Taschenklappe B aus Oberstoff, an die Vorderseite Teil C aus Futter rechts auf rechts nähen. Die Nahtzugaben auseinanderbügeln.

11 Vorder- und Rückseite wie bei der Außentasche zusammennähen (Punkt 5 und 6 auf Seite 60/61) jedoch an einer Seitennaht eine ca. 15 cm große Wendeöffnung offen lassen.

12 Oberteil vom Verschluss wie im Schnitt eingezeichnet mit Knopflochgarn auf die Klappe nähen: Den Faden auf der Rückseite vernähen, durch ein vorgestanztes Loch ausstechen. Durch das Loch rechts daneben wieder zur Rückseite stechen, dann 2 Löcher weiter nach links (also ein Loch neben dem 1. Ausstich) wieder nach vorne ausstechen usw.

13 Das Futter auf rechts wenden und in die Außentasche stecken, sodass Futter und Außentasche rechts auf rechts aufeinanderliegen. Futter und Außenstoff an der Öffnung rundum aufeinanderstecken. Dabei die Futterklappe außen etwas (= 3 bis 4 mm) überstehen lassen und die dadurch entstehende Weite einhalten, sodass sich die Klappe etwas wölbt. So könnt Ihr verhindern, dass die Klappe später nach außen absteht. An den Übergängen zwischen den Teilen jeweils die Naht-

enden genau aufeinanderstecken und jeweils von Nahtende bis Nahtende nähen.

14 Die Nahtzugabe an der Futterklappe bis auf 0,5 cm an die Naht zurückschneiden, aus den Nahtzugaben entlang der Rundung kleine Dreiecke ausschneiden.

15 Wenn Ihr nicht wollt, dass sich das Futter aus der Tasche ziehen lässt, näht Ihr an den unteren Ecken die Nahtzugaben aufeinander.
Die Tasche wenden und bügeln. Die Taschenöffnung und -klappe knapp und 0,5 cm breit absteppen. Das Unterteil des Verschlusses passend zum Oberteil auf die Tasche nähen.

16 Die Nahtzugaben an der Wendeöffnung 1 cm breit nach links einschlagen und die Kanten so schmal wie möglich aufeinandernähen.

17 Das Gurtband in gewünschter Länge abschneiden, die Enden vorsichtig mit einem Feuerzeug verschmelzen. Dann die Karabiner auffädeln, das Gurtband 4 cm breit nach links umschlagen und mit einem durchkreuzten Quadrat den Umschlag annähen. Die Karabiner in die D-Ringe einhängen.

Zu klein? Zu schmal?

Die Schnittmuster lassen sich in der Größe ganz leicht anpassen:

Verändern müsst Ihr jeweils nur die Schnittmusterteile A, B und C. Um eine breitere Tasche zu erhalten, die Schnittteile längs in der Mitte teilen und um den gewünschten Betrag auseinanderziehen. Dann ein Stück Papier dazwischenkleben. An der Klappe die Rundung neu zeichnen, sodass wieder ein schöner Bogen entsteht.

Für eine höhere Tasche, die Schnittteile A und B quer auseinanderschneiden, wie in der Skizze zu sehen. Die Teile um den gewünschten Betrag auseinanderziehen und ebenfalls ein Stück Papier unterkleben. Teil C an der Oberkante bündig auf Teil B legen. Die Taschenklappe B erst unterhalb des Endes von Teil C verändern. Den Bogen der Taschenklappe nach der Vergrößerung korrigieren. Soll die Klappe schon ab der Oberkante geändert werden, müsst Ihr Teil C auch entsprechend verändern.

Tasche verbreitern

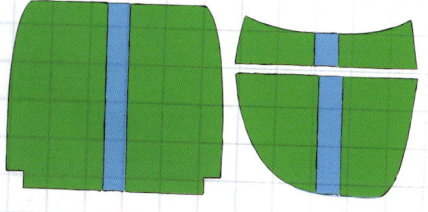

Höhe vergrößern

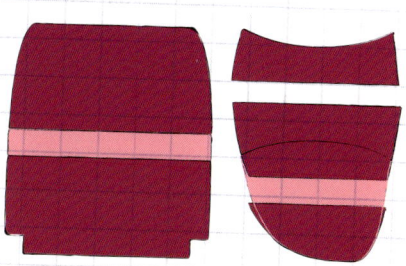

Schön und warm

Walkjacke mit Blumen

Größe 34 bis 44
Schnittmuster 13A bis 13D in Rosa
auf Bogen A

Material

- 1,75 m Walkstoff mit Blumenmuster und farbiger Kante, 140 cm breit (Hemmers)
- 6 Perlmuttknöpfe, Ø 22 mm (Dill)
- 60 cm Ripsband, 25 mm breit
- Aqua-Trickmarker (Prym)
- Reih- oder Heftgarn

Paspelknopflöcher mit Ripsband dehnen sich nicht – das ist für Walkstoff ideal. Und ein Video zu den Knopflöchern gibt's auch.

Zuschneideplan Walkjacke

13D

13B

13A

13C

175 cm
Stoffbruch

Webkanten

70 cm

Der Schnitt ist für dehnbare
Walkstoffe gedacht. Bei nicht
dehnbaren Stoffen die Jacke
eine Größe größer nähen.

So geht's

1 Die Teile mithilfe des Zuschneideplans auf Seite 64 zuschneiden. Die Abnäher markieren, dazu die Seiten des Abnähers durch kleine Einschnitte in die Nahtzugaben auf den Stoff übertragen. Für die Abnäherspitze nach dem Aufzeichnen des Teils Reihgarn in eine Nähnadel fädeln, die Nadel an der Abnäherspitze möglichst senkrecht durch Schnitt und Stoff stechen und mit der anderen Hand vorsichtig durch den Stoff ziehen. Die Nadel herausziehen, das Schnittmuster abnehmen (ohne den Faden herauszuziehen) und die Fadenenden mit Knoten sichern. Die beiden Stoffteile auseinanderziehen, den Markierungsfaden zwischen den Teilen durchschneiden und auch diese Enden mit Knoten sichern.

2 Die Brustabnäher schließen. Wichtig ist, dass die Abnäher an der Spitze schmal auslaufen. Am Abnäherende die Naht entweder → verriegeln oder die Fäden verknoten.

3 Die Abnäher von der Stoffkante her bis zur Abnäherbreite von ca. 5 mm aufschneiden. Den Stoff im Abnäher bis auf 1 cm an die Naht zurückschneiden und am Einschnitt die Nahtzugaben auseinanderbügeln, die Abnäherspitze nach oben bügeln.
Die Schulter-, Seiten- und Ärmelnähte → rechts auf rechts zusammennähen. Die Kapuzenteile ebenfalls rechts auf rechts an der runden Kante aufeinandernähen. Die Nahtzugaben jeweils auseinanderbügeln. Die Kapuze mithilfe der → Nahtzeichen rechts auf rechts in den Halsausschnitt nähen. Am Halsaus-

schnitt die Nahtzugaben der Vorderteile und des Rückenteils bis auf 5 mm zurückschneiden und dann alle Nahtzugaben nach unten bügeln, sodass die breite Nahtzugabe über der schmalen liegt. Dann die Naht von rechts → knapp und füßchenbreit absteppen.

4 Die Ärmel auf rechts drehen und in die Armausschnitte stecken. Durch die Nahtzeichen könnt Ihr rechten und linken Ärmel erkennen sowie den Punkt an dem der Ärmel auf die Schulternaht trifft. An der Armkugel muss etwas Weite eingehalten werden. Von der Seitennaht aus den Ärmel zuerst zu beiden Seiten glatt feststecken, nach 7 bis 9 cm beginnen, die Weite gleichmäßig zu verteilen. Dann die Jacke so unter die Nähmaschine legen, dass der Ärmel beim Nähen unten liegt, da der Stoff, der direkten Kontakt mit dem Transporteur

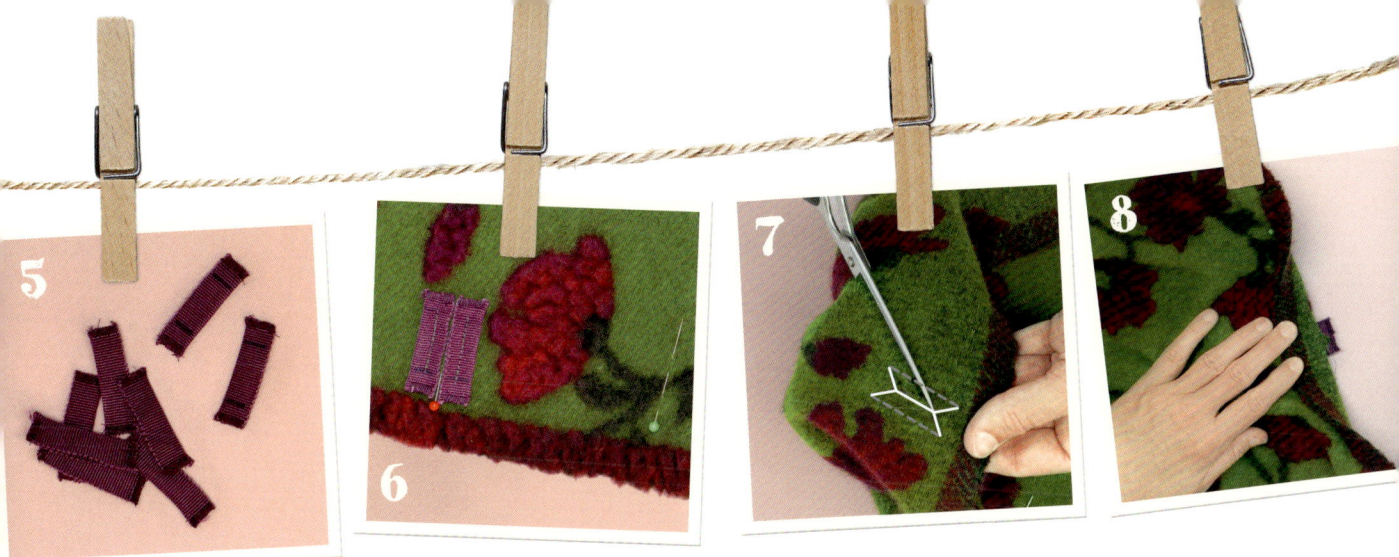

der Nähmaschine hat, besser transportiert wird. Die Naht bügeln. Dazu den Ärmel so nehmen, wie es auf dem Foto zu sehen ist, und mit der Spitze des Bügeleisens vorsichtig von der Schnittkante aus die Naht und 1 bis 2 cm des Ärmels flach bügeln.

5 Für die Paspelknopflöcher vom Ripsband 12 Stücke à 4,5 cm abschneiden. Die Stücke doppelt legen, sodass die Längskanten aufeinanderliegen und die Seiten mit Zickzackstichen zusammennähen und versäubern. Die gewünschte Knopflochbreite (hier 2,3 cm) mittig auf den Streifen markieren.

6 Die Position der Knopflöcher auf der rechten Stoffseite des rechten Vorderteils mit Stecknadeln markieren. Das oberste Knopfloch sitzt 12 cm unterhalb der Kapuzenansatznaht, die anderen Knopflöcher folgen mit einem Abstand von 9,5 cm. Zur vorderen Kante haben die Knopflöcher einen Abstand von 2 cm. Je 2 Ripsbandstücke zu beiden Seiten der Markierungsnadeln festnähen. Dabei stoßen die Ripsbänder an der Nadel mit den offenen Kanten aneinander. Genäht wird genau in der Mitte des Bands von einer Randmarkierung bis zur anderen.

7 Den Oberstoff für das Knopfloch aufschneiden: in der Mitte zwischen den beiden Nähten und schräg zu den Nahtenden (= weiße Linie in Abb. 7). Die Bandstücke nach innen wenden. Die gebügelten Bandkanten stoßen jetzt aneinander.

8 Das Vorderteil am Knopfloch bis an die Außenkanten des Knopflochs rechts auf rechts umschlagen, sodass nur noch das kleine Dreieck vom Einschnitt über den Ripsbändern liegt. Dann das Dreieck zwischen den Nahtenden quer auf die Bänder nähen, dabei beachten, dass die Bänder in der richtigen Höhe parallel nebeneinanderliegen, sonst wird das Knopfloch schräg. An der anderen Knopflochseite das Dreieck entsprechend festnähen. Das Knopfloch bügeln und rundum 5 mm breit absteppen. Den Jackensaum 2 cm weit nach links umbügeln und absteppen, dabei an den vorderen Kanten die Saumecken eventuell auch nach links einschlagen. Die Vorderteile passend 5 cm weit übereinanderlegen, Stecknadeln durch die Knopflöcher stechen (an der linken Knopflochseite, denn da rutscht der Knopf unter Zug hin) und so die Position der Knöpfe markieren. Die Knöpfe annähen.

Graue Jacke

Größe 34 bis 44
Schnittmuster 13A bis 13F in Rosa
auf Bogen A

Zuschneiden: Die Teile mithilfe der Zuschneidepläne zuschneiden. An den Vorderteilen an der
vorderen Kante 6 cm für die Belege zugeben. Die
Saumbelege aus den Schnittteilen 13A und 13B
herauskopieren und extra zuschneiden (den Rücken-
teilbeleg im Stoffbruch, das passende Vlieseline-
teil dazu in 2 Teilen zuschneiden und so aufbügeln,
dass die Teile in der Mitte aneinanderstoßen).

Für die Ärmelsäume zwei 4 cm breite Streifen
in passender Länge aus Vlieseline zuschneiden.
Das Futter-Rückenteil für die Bewegungsfalte im
Futter 3 cm vom Stoffbruch entfernt auflegen
und die Kanten bis zum Stoffbruch verlängern.
Die Vlieseline auf die linken Seiten der Vorderteile,
Leisten, Saumbelege und Ärmelsäume bügeln. Die
Schnittmuster erneut auflegen und die Position der
Taschen und Abnäher markieren, siehe Punkt 1,
Seite 66. Haltet Euch ein Vorderteil an und über-
prüft, ob Euch die Position der Taschen gefällt.
Die Markierungen sitzen an der Unterkante der

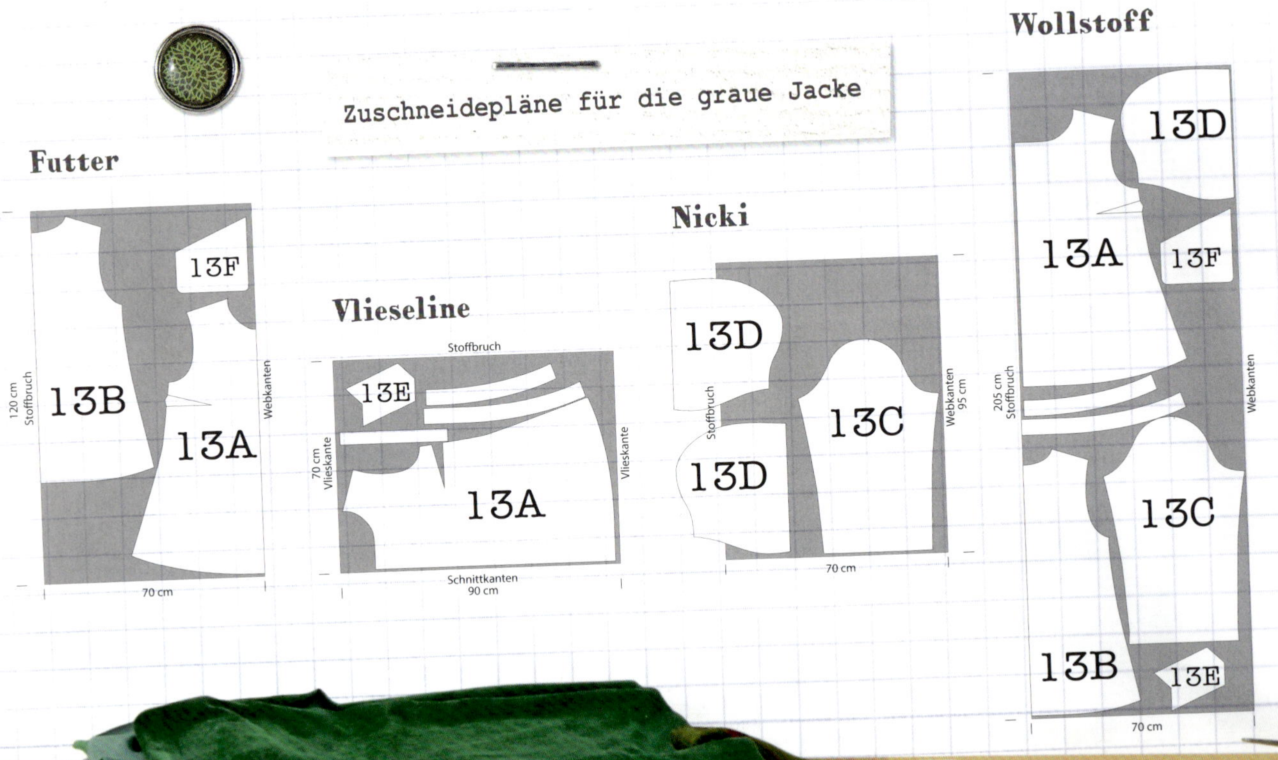

Zuschneidepläne für die graue Jacke

Wollstoff

13D

13A

13F

13C

13B

13E

Nicki

13D

13D

13C

Vlieseline

Stoffbruch

13E

13A

Schnittkanten
90 cm

Vlieskante

70 cm
Vlieskante

Futter

13F

13B

13A

120 cm
Stoffbruch

Webkanten

70 cm

95 cm
Webkanten

Stoffbruch

70 cm

205 cm
Stoffbruch

Webkanten

Taschenleiste, der Tascheneingriff ist also später 4 cm oberhalb der Markierungen.

9 Für die **Leistentasche** die 1. Leiste rechts auf rechts zur Hälfte legen, die Schmalseiten 1 cm breit zusammennähen. Eine Nahtzugabe bis auf 0,5 cm, beide Nahtzugaben an den Ecken zurückschneiden. Die Leiste wenden und bügeln.

10 Parallel zur Oberkante (= Bruch) mit 4 cm Abstand eine Linie auf die linke Seite (= Seite mit Nahtzeichen in der unteren Mitte) der Leiste zeichnen. Die Leiste rechts auf rechts auf die Vorderteile stecken, dabei verläuft die aufgezeichnete Markierungslinie von einer Garnmarkierung zur anderen. Die Oberkante der Leiste zeigt nach unten. Genau auf der Linie nähen, am Nahtanfang und Ende sticht die Nadel genau 1-mal und so dicht wie möglich neben der Leiste in den Stoff.

11 Die Nahtzugaben der Leiste nach oben klappen und den Taschenbeutel aus Nicki rechts auf rechts mit 1 cm Abstand zur 1. Naht auf das Vorderteil nähen. Bei schräg aufgesetzten Leisten ist diese Naht an einer Seite etwas länger, an der anderen etwas kürzer als die Ansatznaht der Leiste, damit die Naht später vollständig von der Leiste überdeckt wird. (Die weiße Linie zeigt die Position der Leiste an der fertigen Tasche.)

12 Jetzt wird der Stoff zwischen den Nähten vorsichtig eingeschnitten: Der Einschnitt verläuft in der Mitte zwischen den beiden Nähten und teilt sich an den Seiten schräg bis dicht an die Nahtenden. Die Leiste nach oben klappen, den Taschenbeutel auf die linke Jackenseite ziehen. Die Nahtzugaben am Einschnitt auseinanderbügeln, an der Leiste anschließend beide Nahtzugaben nach unten bügeln.

13 Den Futtertaschenbeutel rechts auf rechts an die Unterkante der Leiste nähen. Dann den Taschenbeutel nach unten bügeln.

14 Die Ecke der Leiste und das Vorderteil an den Nahtenden rechts auf rechts umschlagen, sodass das kleine Dreieck vom Einschnitt auf dem Nicki-Taschenbeutel liegt. Das Dreieck zwischen den Nahtenden am Einschnitt quer festnähen, dabei die Leiste von außen in der richtigen Position fest-

Material

• 205 cm Wollstoff in Grau, 140 cm breit
• 95 cm Nicki in Grün, 140 cm breit (Westfalenstoffe)
• 120 cm Futterstoff in Grau, 140 cm breit
• 140 cm Vlieseline H405, 90 cm breit (Freudenberg)
• 5 Metallknöpfe, Ø ca. 25 mm
• 2 Ösen, Ø 6 mm mit passendem Werkzeug (Prym)
• 2 Kordelstopper (Prym)
• 90 cm Gummikordel, Ø ca. 2 mm
• 15 cm Satinband, 10 mm breit

halten. Dann die Taschenbeutel aufeinanderstecken, auf die richtige Größe zurückschneiden (= untere Taschenkante ist ca. 5 cm oberhalb der Jackenunterkante) und die Beutel aufeinandernähen. Die Schmalseiten der Leiste von außen mit der Hand mit Staffierstichen annähen: Genäht wird von rechts nach links. Den Faden auf der Rückseite vernähen, dann durch die Leiste und genau an der Kante der Leiste ausstechen. * Auf gleicher Höhe wieder unter der Leiste ins Vorderteil einstechen, die Nadel einige Millimeter durch den Stoff nach links führen und wieder durch die Leiste nach oben genau aus der Kante ausstechen. Ab * fortlaufend wiederholen, zum Schluss den Faden gut vernähen. Die 2. Tasche entsprechend nähen.

15 Die vorderen Saumbelege mit den vorderen Schmalseiten rechts auf rechts am vorderen, unteren Rand an die Vorderteile nähen. Die Nahtzugaben an den Vorderteilen 1 cm unterhalb der Belegkante bis dicht an die Naht schräg einschneiden, so könnt Ihr die Nahtzugaben über dem Beleg auseinanderbügeln. Die vorderen Belege 6 cm weit nach rechts umschlagen und Beleg- und Jackenunterkante jeweils rechts auf rechts aufeinandernähen. Den hinteren Beleg rechts auf rechts an das Rückenteil nähen. Die Nahtzugaben an den Rundungen einschneiden. Dann die Belege wenden und bügeln, dabei sollen die Nähte jeweils etwas in die Belege verschoben werden, sodass die Belege von außen nicht sichtbar sind. Die Ärmelsäume

4 cm breit umbügeln und wieder auseinanderfalten. Die Abnäher schließen und die Jacke zusammennähen, wie bei der Walkjacke auf Seite 66 unter Punkt 2 bis 4 beschrieben. Das Futter entsprechend zusammennähen, dabei aber an einer Ärmelnaht eine ca. 25 cm große Wendeöffnung frei lassen. Die angeschnittene Bewegungsfalte im Futter-Rückenteil oben und unten etwa 5 cm breit zunähen und zu einer Seite bügeln.

Für den Aufhänger die Enden des Satinbands in der oberen Mitte jeweils mit 4 cm Abstand zur Faltennaht auf dem Futter festnähen.

16 Wie auf dem Foto zu sehen, 2 Ösen in die Wollteile der Kapuze einschlagen.

17 Futter- und Wollteile jeweils rechts auf rechts an der gebogenen Kapuzenkante (= hintere Mitte) zusammennähen. Die Nahtzugaben auseinanderbügeln und an der Wollkapuze zu beiden Seiten der Naht schmal absteppen. Dann die beiden Kapuzen an der vorderen Kante rechts auf rechts zusammennähen. Die Naht so bügeln, dass sie leicht ins Kapuzeninnere verschoben und von außen nur der Wollstoff sichtbar ist. Die Gummikordel mit einem Ende von innen an der Kapuzenunterkante der Wollkapuze festnähen. Das andere Ende durch die darüberliegende Öse, dann durch einen Kordelstopper und wieder durch die Öse fädeln. Die Kordel dicht an der Naht zwischen die Kapuzenteile legen und die Teile neben der Kordel aufeinanderstecken.

Am Ende die Kordel wieder durch die Öse, den Kordelstopper und zurück durch die Öse fädeln. Das Gummi eventuell kürzen: Es soll glatt liegen und an den Kordelstoppern kleine Schlaufen bilden. Das Ende ebenfalls an der Unterkante des Wollteils festnähen.

18 Das Futter mit den Vorderkanten rechts auf rechts an die vorderen Belege nähen, dabei reicht das Futter bis zur unteren Saumkante, wird aber nur bis 1 cm unterhalb der Belege angenäht.

19 Dann die Kapuze mithilfe der Nahtzeichen rechts auf rechts an Futter und Außenjacke nähen. Der Übergang von Nicki- zur Wollkapuze trifft dabei genau auf die Bügelkante der vorderen Belege. Die Nahtzugaben in die Jackenteile bügeln und an der vorderen Kante etwas wegschneiden, damit die Stelle nicht so dick wird. Auch die Jackenvorderkante bügeln. Die vordere Kapuzenkante 2,5 cm breit absteppen, dabei das Gummi nicht mitfassen.

20 Von innen die Nahtzugaben der Kapuzenansatznähte von Futter und Außenjacke aufeinandernähen, nur das letzte Stück bis zur vorderen Kante bleibt offen.

21 An der immer noch auf links gedrehten Jacke Futter- und Jackenärmel entlang der Ärmelnaht passend aneinanderlegen (um sicherzugehen, dass der Ärmel nicht verdreht wird), dann den Futterärmel über den umgebügelten Ärmelsaum stülpen, sodass hier die Stoffe rechts auf rechts aufeinanderliegen. Die Ärmel rundum zusammennähen.

22 Die untere Futterkante an die Saumbelege nähen. Dort, wo die Ärmelsäume auf die Ärmelnaht stoßen, den Saum mit ein paar Handstichen auf den Nahtzugaben fixieren. An den äußeren Enden der Schulternähte und unter den Ärmeln Futter und Wolljacke mit etwas „Spiel" aneinandernähen: Dazu einen Faden auf einer Nahtzugabe sichern, dann mehrmals gegenüberliegend auf den Nahtzugaben von Futter und Jackenstoff durchstechen und dabei den Faden nur soweit anziehen, dass ein ca. 1 cm langer „Stiel" entsteht. Diesen Stiel ein paarmal umwickeln, Faden vernähen. Die Jacke durch die Wendeöffnung wenden. Die Nahtzugaben an der Öffnung 1 cm breit nach links einschlagen und die Kanten schmal aufeinandersteppen. Die Positionen der Knopflöcher am rechten Vorderteil markieren. Das oberste Knopfloch sitzt 11 cm unterhalb der Kapuzenansatznaht, die anderen Knopflöcher folgen ebenfalls mit einem Abstand von 11 cm. Zur vorderen Kante haben die Knopflöcher einen Abstand von 2 cm. Knopflöcher einarbeiten. Positionen der Knöpfe markieren, siehe Seite 67, Punkt 8. Knöpfe annähen.

Hier geht's zum Jacken-futter-Video.

Jetzt geht's rund

Bilder im Stickrahmen

Ø ca. 12,5 bis 25 cm
Vorlagen 14A bis 14E in Pink
auf Bogen A

Material

- Naturfarbenes Leinen, Durchmesser/ Größe des Rahmens + 20 cm (Westfalenstoffe)
- Leinen in Weiß
- Verschiedene bunte Stoffreste
- Ausreißbares Stickvlies (Freudenberg) in Größe des Leinenstoffs
- Vliesofix (so viel, dass alle Stoff- applikationen damit aufgebügelt werden können (Freudenberg)
- Maschinenstickgarn
- eventuell kleine Perlen zum Aufsticken, für eine Halskette, Ohrringe etc.
- Aqua-Trickmarker (Prym)
- Quilt- oder Freihandstickfuß
- Holz-Stickrahmen (Prym): Ø 12,5 cm (Rabe, A), 15,5 cm (Hase, B), 19 cm (Mann, C), 21,5 cm (Frau, D) oder einen weißen Holzrahmen für 12 x 17 cm große Bilder (Hausdrache, E)
- eventuell für die Rückseite ein Stück Leichtschaumplatte (Modellbau/Archi- tektenbedarf) in Stickrahmengröße

In diesem Video könnt Ihr die Nähmaschine (und mich) beim Freihandsticken in Aktion sehen.

So geht's

1 Die Bilder sind eine Mischung aus Stickerei und Applikationen ....und eine Spielwiese: Auf Fotos, eigenen Zeichnungen oder denen Eurer Kinder, in Büchern und überall könnt Ihr Ideen und Vorlagen für Stickrahmenbilder finden. Reduziert die Linien und Flächen der Bilder, überlegt Euch, welche Teile Ihr sticken, welche mit Stoff aufbügeln wollt, und legt los. Die Motivteile, die aus Stoffen aufgebügelt werden, spiegelverkehrt auf die Papierseite des Vliesofix aufzeichnen. Die einzelnen Teile werden nicht genau auf Stoß aneinandergebügelt, sondern überlappen sich etwas. Diese Bereiche sind gestrichelt dargestellt. In den Vorlagen sind mit dicken Linien (und gestrichelten, falls sich die Teile überschneiden) die Außenkonturen der Stoffteile gezeichnet, die dünnen Linien sind die Sticklinien. Die Vorlagen auf dem Bogen sind

schon gespiegelt. Hier einfach das Vliesofix über die Zeichnung legen und die Linien mit Bleistift nachzeichnen. Dabei jeweils alle Teile, die aus einem Stoff ausgeschnitten werden, möglichst dicht nebeneinander aufzeichnen. Die Vliesofix-Teile pro Stoff jeweils im Block grob ausschneiden, auf die entsprechenden linken Stoffseiten bügeln und dann exakt ausschneiden.

2 Aus dem naturfarbenen Leinen ein Stück ausschnei-

den, das rundum etwa 10 cm größer ist, als der gewünschte Rahmen.

Manche Linien verlaufen unter dem ganzen Motiv, wie bei diesem Bild die Wäscheleine. Diese Linien werden zuerst aufgestickt. Dazu die Nähmaschine wie rechts erklärt zum Freihandsticken vorbereiten. Die Linien eventuell mit dem Aqua-Trickmarker vorzeichnen und dann mit der Nähmaschine „nachzeichnen". Oft sehen Linien, die mit 2 oder 3 Nähten gestickt werden, besser und lebendiger aus als einfach gestickte. Die Linien müssen nicht unbedingt exakt sein, gerade kleine Unebenheiten machen die Stickerei interessant.

3 Dann die Stoffteile aufbügeln. Dazu das Schutzpapier abziehen und die Teile mit der Klebeschicht nach unten passend auf die rechte Stoffseite legen. Mit dem Bügeleisen, Einstellung 2 Punkte/Wolle, darüberbügeln, so können die Teile zuerst nur leicht fixiert werden. Dann ist eine Korrektur noch möglich. Bei diesem Bild fangt Ihr mit der Innenseite des Sacks an, dann kommt der geblümte Sack, der Sackrand und anschließend Kopf, Pfoten und Wäscheklammern.

Kurz erklärt

Maschinenstickgarn: Maschinenstickgarne sind etwas dicker als normale Nähgarne. Zudem sind sie oft aus Rayon und daher leicht glänzend. Dicke und Glanz sorgen dafür, dass die Stickerei plastischer aussieht und Sticklinien besser zu sehen sind.

Stickgarne sind aber wesentlich weniger reißfest und sollten daher nicht für normale Nähte verwendet werden.

Metallikgarne: Diese Garne sorgen für besondere Effekte. Damit sie gut zur Geltung kommen, sticke ich mit den Metallikgarnen meist ganz zum Schluss. Sie sind aber starrer als andere Garne und dadurch bruchanfälliger, was leider dazu führt, dass der Oberfaden leichter und häufiger reißt. (Als Unterfaden sollte man Metallikgarne daher normalerweise nicht verwenden.) Abhilfe können hier spezielle Nähmaschinennadeln für Metallikgarne schaffen, die ein besonders großes Öhr haben, durch das der Faden leichter gleiten kann. Auf jeden Fall müsst Ihr darauf achten, völlig intakte Nadeln zu verwenden. Eventuell hilft es auch, die Oberfadenspannung noch ein bisschen zu lockern.

Als Letztes bügelt Ihr die Nase auf. Stimmt alles, die Teile mit einem feuchten Tuch endgültig aufbügeln, dazu das Bügeleisen Stück für Stück 10 Sekunden lang aufdrücken.

Beim Raben zuerst die Wiese aufbügeln, dann den Körperumriss markieren und zunächst Kopffedern und Beine sticken. Dann den Körper, die Augen und den Schnabel aufbügeln.

Beim Mann den Hemdkragen an der dicken Linie bis zum Hals einschneiden, sodass Ihr den Hals in den Kragen schieben könnt.

4 Die Konturen, Schattierungen und Flächen eventuell mit dem Aqua-Trickmarker anzeichnen und dann sticken. Es lohnt sich, ein bisschen zu überlegen, in welcher Reihenfolge Ihr die Linien gut sticken könnt, ohne zu oft neu ansetzen zu müssen. Wollt Ihr farbige Flächen sticken, stickt Ihr am besten zuerst die Fläche und dann die Kontur außen herum.

Prima sieht's auch aus, wenn Ihr zum Schluss noch ein paar Perlen aufstickt oder mit anderen Handstichen das Bild ergänzt.

5 Für eine saubere Rückseite den kleineren Ring des Stickrahmens auf die Leichtschaumplatte legen und mit dem Cuttermesser innen am Ring entlang einen Kreis aus der Platte schneiden.

6 Die Stickerei in den Rahmen einspannen, dazu den kleinen Ring unter den Stoff legen und den großen von oben darauf drücken. Auf der Rückseite den Stoff an beiden Seiten fassen und zur Mitte ziehen. So springen die Rahmenteile nicht auseinander.

7 Das Stickvlies am Rand des Stickrahmens entlang abreißen, damit sich der Stoffrand besser nach innen legen lässt.

8 Den überstehenden Stoff mit dem Bügeleisen zur Mitte bügeln.

9 Dann den Stoff bis auf 3 cm an den Rahmen zurückschneiden....

10 ... und die Leichtschaumplatte in den Rahmen drücken.

Natürlich lassen sich die Stoffbilder auch in ganz normalen Rahmen unterbringen.

Hitzebeständig

Grüne Hose

Größe 34 bis 44
Schnittmuster 15A bis 15F
in Schwarz auf Bogen B

Material

- 165 cm Leinen in Grün, 140 cm breit (Frowein)
- 40 x 115 cm Punktestoff in Grün
- 1 nahtverdeckter Reißverschluss in Grün, 22 cm lang (Prym)
- 40 x 55 cm Vlieseline G405
- Nähfuß für nahtverdeckte Reißverschlüsse
- Heft- oder Reihgarn

Hilfreich – aber nicht unbedingt nötig – ist ein Faltenlegerfuß (Kräusler) für die Nähmaschine

Zuschneideplan Leinen

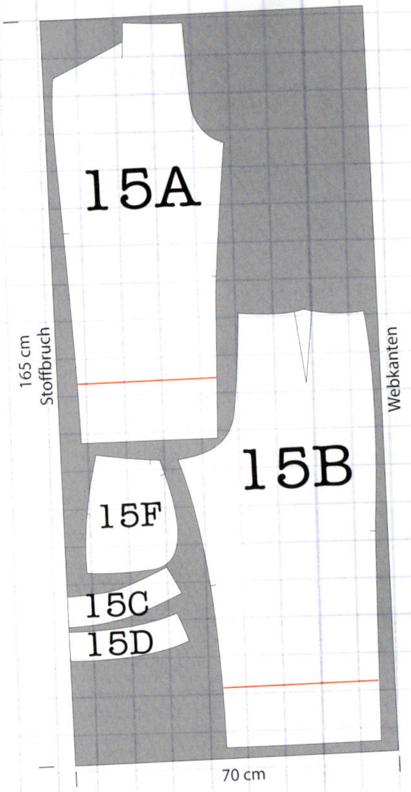

165 cm
Stoffbruch

Webkanten

15A

15B

15F

15C
15D

70 cm

Zuschneideplan Punktestoff

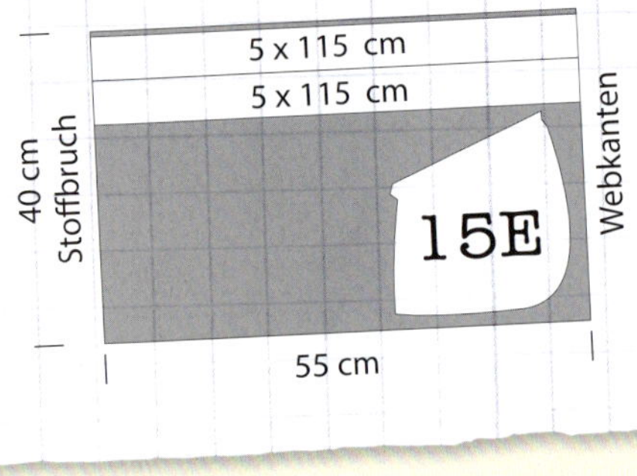

5 x 115 cm
5 x 115 cm

40 cm
Stoffbruch

Webkanten

15E

55 cm

Zuschnitt

Aus Leinen:

- 2x Vorderes Hosenbein A
- 2x Hinteres Hosenbein B
- 2x Vorderer Beleg C im Stoffbruch
- 2x Hinterer Beleg D im Stoffbruch
- 2x Hinterer Taschenbeutel F

Die Belegteile auch aus Vlieseline zuschneiden und auf die linken Seiten der Stoffteile bügeln.

Aus dem Punktestoff:

- 2x Vorderer Taschenbeutel E
- 2 Streifen à 5 x 115 cm

So geht's

Zuschneiden: Die Teile mithilfe der Zuschneidepläne zuschneiden. Für die grüne Hose an den Unterkanten der Hosenbeine jeweils einen 13 cm breiten Streifen abschneiden (= rote Linien im Zuschneideplan). Die Abnäher an den Punkten ①, ② und ③ mit Reihgarn sowie an der oberen Kante mit einem kleinen Einschnitt in die Nahtzugabe markieren, siehe Seite 66. Auf die linken Seiten der Belege Vlieseline aufbügeln.

1 Für die 1. Tasche den vorderen Taschenbeutel rechts auf rechts zwischen den ➜ Nahtzeichen ★ und ● an ein vorderes Hosenbein nähen. Dabei liegen die Stoffkanten von Hosenbein und Taschenbeutel am Nahtanfang bzw. -ende (nicht an der Stoffkante, Nahtzeichen ●) genau bündig aufeinander.

2 Den Taschenbeutel zuerst nach oben, dann nach hinten um die Nahtzugaben bügeln, sodass an der Taschenkante ein Besatz entsteht. Den Besatz im „Schatten der Naht", also genau zwischen Besatz- und Hosenstoff absteppen.

3 Das Hosenbein so rechts auf rechts falten, dass die Abnähermarkierungen ① und ② genau übereinanderliegen. Den Abnäher bis zur Oberkante der Tasche schließen. Am unteren Ende den Abnäher in einem leichten Bogen zur Kante hin auslaufen lassen, damit am letzten Zentimeter des Abnähers nur noch ganz wenig Stoff abgenäht wird und sich an der Spitze keine „Tüte" bildet.

4 Das Hosenbein wieder aufklappen, den Abnäher und die Kante oberhalb des Abnähers bis zum Nahtzeichen ❚ zur vorderen Mitte bügeln. Dann den hinteren Taschenbeutel mithilfe der Nahtzeichen rechts auf rechts unter den vorderen Taschenbeutel stecken. Die umgebügelte Kante oberhalb des Abnähers bis zum unteren Ende des Taschenbesatzes schmal absteppen. Die Taschenbeutel – falls nötig – auf die gleiche Größe zurechtschneiden und an der gerundeten Kante aufeinandernähen. Diese Kante versäubern. Dann die Tasche mit 0,5 cm Nahtbreite an die Seitenkante des Hosenbeins nähen, damit Ihr die Hosenbeinnähte später leichter schließen könnt. Die 2. Tasche in gleicher Weise nähen.

5 Den Reißverschluss öffnen und rechts auf rechts an die Seitenkante des linken vorderen Hosenbeins stecken. Dabei soll der Reißverschlussbeginn (nicht das Band, sondern die Plastikzähnchen) etwa 1,2 cm unterhalb der oberen Stoffkante liegen.

6 Zum Annähen des Reißverschlusses müsst Ihr die Zähnchen etwas zur Seite auseinanderrollen. Das geht gut mit dem Spezialfuß zum Annähen der nahtverdeckten Reißverschlüsse. Den Reißverschlussfuß einsetzen (auf dem Foto ist der Fuß von Prym abgebildet, bei anders konstruierten Füßen beachtet Ihr bitte die entsprechende Bedienungsanleitung). Das untere Plastikteil lässt sich seitlich verschieben, muss aber zu Anfang genau in der Mitte sitzen, sodass die Nadel auf einer Höhe mit der mittleren Rille ist.

Damit der Reißverschluss am Nahtanfang nicht so leicht verrutscht, könnt Ihr zuerst mit einer Hilfsnaht das obere Reißverschlussende parallel zur Bundkante festnähen, dabei die Zähnchen auseinanderrollen.

Dann den Reißverschluss wie auf dem Bild zu sehen unter den Fuß legen. Die auseinandergerollten Zähnchen liegen in der linken Führungsrille, dadurch sticht die Nadel automatisch ganz dicht neben den Zähnchen ein.

7 Den Reißverschluss bis zum Zipper des vollständig geöffneten Reißverschlusses annähen. Das Stück darunter wird nicht festgenäht.

8 Den geschlossenen Reißverschluss mit dem anderen Band rechts auf rechts an das hintere Hosenbein stecken. Der Abstand zur oberen Kante muss bei beiden Bändern gleich sein.

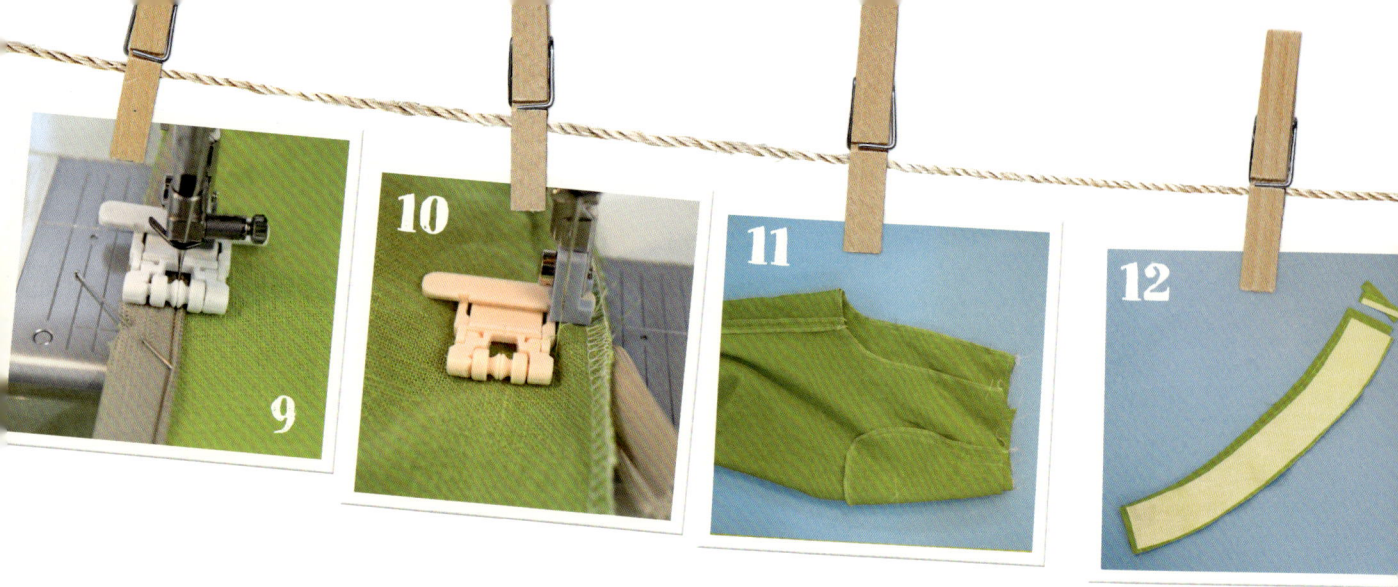

9 Dann den Reißverschluss wieder öffnen und die 2. Reißverschlussseite wie oben beschrieben annähen, dabei liegen die Zähnchen jedoch in der rechten Führungsrille.

10 Um die Naht unterhalb des Reißverschlusses zu schließen, das untere Plastikteil am Fuß ganz nach links schieben. Die Hosenbeine rechts auf rechts legen und so unter die Nähmaschine schieben, dass der Reißverschluss hochkant (die Zähnchen stehen senkrecht, die Bänder sind nach rechts gefaltet) neben dem Fuß liegt. So einige Zentimeter nähen, dann mit dem normalen Nähfuß den Rest der Naht schließen.

11 Seitenkanten (inkl. Schrittnaht) und die Seiten- und Unterkanten der abgeschnittenen Beinstreifen versäubern.

Die Abnäher an den hinteren Hosenbeinen schließen. Die vorderen und hinteren Hosenbeine jeweils rechts auf rechts legen und die 2. äußere Hosenbeinnaht sowie die inneren

Beinnähte rechts auf rechts zusammennähen. Die Nahtzugaben auseinanderbügeln. Ein Hosenbein auf rechts wenden, die beiden Beine rechts auf rechts ineinanderschieben und die Schrittnaht schließen. Die Nahtzugaben ebenfalls auseinanderbügeln. Jetzt könnt Ihr die Hose anprobieren und eventuell die Bundweite an den Abnähern und/oder an der hinteren und vorderen Mittelnaht korrigieren.

12 Vorderen Beleg rechts auf rechts auf den hinteren Beleg legen, dann an der rechten Schmalseite jeweils 1 cm abschneiden. (Habt Ihr die Bundweite korrigiert, müsst Ihr die Belegweite entsprechend ändern.) An der anderen Schmalseite die Belege aufeinandernähen, Nahtzugaben auseinanderbügeln.

13 Hosenbein und Reißverschluss glatt hinlegen, dann die gekürzte Schmalseite des Belegs rechts auf rechts auf das Hosenbein legen (wie vorne im Bild zu sehen) und mit 0,5 cm Nahtbreite festnähen. Die andere Belegseite entsprechend festnähen.

Es gibt ein Video zum nahtverdeckten Reißverschluss und dann noch eins zu den Belegen.

14 Belege und Hosenoberkante rundherum rechts auf rechts aufeinanderstecken. An den Seiten sitzen dabei die Reißverschlusszähnchen genau vorne in der Bruchkante.

15 Die Belege rundherum an die Oberkante der Hose nähen.

16 Dann die Belege nach innen wenden und kontrollieren, ob die beiden Seiten des Reißverschlusses auf einer Höhe sitzen. Eventuell den Abstand zwischen Reißverschlussende und Hosenkante korrigieren. Wenn die Belege passen, von außen genau auf den Seitennähten und den Abnähern in Höhe des unteren Endes der Belege entlangnähen und so die Stofflagen fixieren.

17 Die Streifen aus dem Punktestoff links auf links zur Hälfte bügeln. Entweder mit einem Faltenlegerfuß die Falten legen und fixieren...

18 ... oder etwa alle 2 cm eine 1 cm tiefe Falte abmessen und einbügeln. Die eingebügelten Falten mit einer Naht im Abstand von 0,75 cm zu den Schnittkanten fixieren.

19 Jeweils einen vorderen und einen hinteren Hosenstreifen an den Schmalseiten rechts auf rechts zum Besatz zusammennähen. Die Nahtzugaben auseinanderbügeln. Die unteren Kanten jeweils 2 cm breit nach links umbügeln und 1,5 cm breit absteppen. Die vorbereiteten Punktestreifen jeweils in der passenden Weite rechts auf rechts zum Ring zusammennähen. Dazu eventuell eine Falte lösen, die Naht schließen und die Falte wieder einlegen. Die Ringe mit 0,75 cm Nahtbreite links auf rechts an die oberen Besatzkanten nähen, dabei liegen alle Schnittkanten aufeinander.

20 Die Besätze auf links wenden und über die auf rechts gedrehten Hosenbeine ziehen, dabei liegen die inneren Hosenbeinnähte und die Seitennähte der Belege jeweils aufeinander. Die Schnittkanten liegen wieder alle aufeinander und werden rundum zusammengenäht. Die Nahtzugaben jeweils nach oben ins Hosenbein bügeln und die Naht schmal absteppen.

Schwarz-weiße Hose

Größe 34 bis 44
Schnittmuster 15A bis 15F auf Bogen B

So geht's

Zuschneiden: Die Teile mithilfe des Zuschneide-plans und der Zuschnittliste zuschneiden. Die Abnäher an den Punkten ①, ② und ③ mit Reih-garn sowie an der oberen Kante mit einem kleinen Einschnitt in die Nahtzugabe markieren, siehe Seite 66.

Eventuell die Beinweite anpassen. Dazu die gewünschte Beinweite abmessen, 4 cm Nahtzu-gaben dazurechnen und die Teile A und B den roten Linien entsprechend im Schnitt ändern, sodass beide Unterkanten zusammen das gewünschte Maß ergeben.

Die Hose nähen, wie für die Leinenhose auf Seite 80 bis 84 beschrieben. Beim Versäubern der Teile direkt alle Kanten versäubern. Den unteren Hosensaum 2 cm breit umbügeln und 1,5 cm breit absteppen.

Material

- 165 cm Streifenstoff in Schwarz/Weiß, 140 cm breit (Westfalenstoffe)
- 45 × 25 cm Stoff in Grau
- 1 nahtverdeckter Reißverschluss in Schwarz, 22 cm lang (Prym)
- 40 × 55 cm Vlieseline G405
- Nähfuß für nahtverdeckte Reißverschlüsse
- Heft- oder Reihgarn

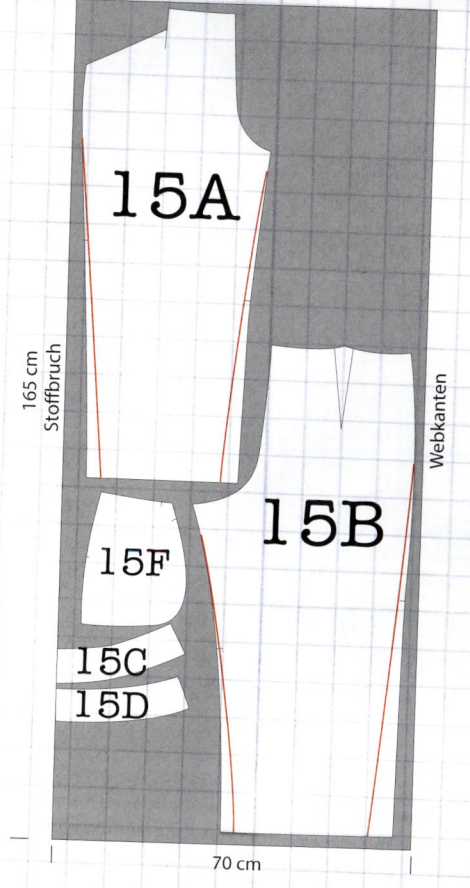

Zuschneideplan schwarz-weißer Stoff

165 cm Stoffbruch

Webkanten

15A

15B

15F

15C

15D

70 cm

Zuschnitt

Aus dem schwarz-weißen Stoff:
- 2× Vorderes Hosenbein A
- 2× Hinteres Hosenbein B
- 1× Vorderer Beleg C im Stoffbruch
- 1× Hinterer Beleg D im Stoffbruch
- 2× Hinterer Taschenbeutel F

Die Belegteile auch aus Vlieseline zuschnei-den und auf die linken Seiten der Stoffteile bügeln.

Aus dem grauen Stoff:
- 2× Vorderer Taschenbeutel E

Schneiderlatein

Abnäher markieren und schließen siehe Seite 66.

Absteppen: Das geht bei Kanten und Nähten. Nachdem die Kante/Naht gebügelt ist, wird sie noch einmal von rechts (also von außen) nachgenäht – entweder damit es besser hält und/oder weil es besser aussieht. Knapp oder knappkantig absteppen bedeutet, dass ganz dicht neben der Kante/Naht (1 bis 2 mm) genäht wird, mit füßchenbreit ist meist 0,75 cm gemeint. Wollt Ihr z. B. Jeansnähte imitieren, steppt Ihr die Naht 2-mal ab: 1-mal knapp und dann noch 1-mal im Abstand von 0,5 cm zur ersten Steppnaht.

Applizieren mit Vliesofix siehe Seite 74.

Ärmel einsetzen siehe Seite 66.

Bügeln: Durch Bügeln kann man sich das Nähen sehr erleichtern. Flach gebügelte Kanten lassen sich wesentlich leichter absteppen. Über quer verlaufende Nähte lässt sich besser nähen, wenn die flach gebügelt sind.

Fadenlauf: Jedes Gewebe besteht aus Kettfäden (längs) und Schussfäden (quer). Der Fadenlauf entspricht der Richtung der Kettfäden und verläuft parallel zur Gewebekante. Bei Maschen-/Strickware entspricht der Fadenlauf dem Maschenlauf, der ebenfalls parallel zur Kante verläuft. Beim Zuschnitt werden die Schnittmuster so aufgelegt, dass der eingezeichnete Fadenlauf parallel zur Stoffkante liegt.

Fadenspannung: Stimmt die, sitzt die Verschlingung von Ober- und Unterfaden genau zwischen den Stofflagen.

Live und in Farbe gibt's hier eine kurze Geschichte über die Fadenspannung.

Sitzen die Verschlingungen auf der Oberseite, müsst Ihr die Oberfadenspannung lockern, sitzen sie auf der Unterseite muss der Oberfaden stärker gespannt werden. Der Unterfaden wird normalerweise nicht verstellt. Um die Spannung zu prüfen, nehmt Ihr die Spulenkapsel inkl. eingelegter Spule heraus und haltet sie am Faden der Spule hoch. Die Spulenkapsel sollte etwas nach unten rutschen, wenn Ihr ruckartig am Faden zieht. Falls nötig, könnt Ihr an der kleinen Schraube der Spulenkapsel die Spannung verstellen. Die Schraube ist allerdings nicht dafür gemacht, dass ständig an ihr rumgedreht wird.

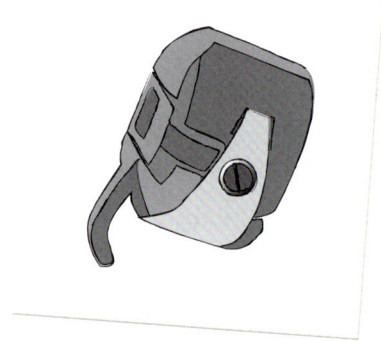

Feste Masche: An der gewünschten Stelle oder in die entsprechende Masche einstechen und eine Schlinge holen, sodass 2 Schlingen auf der Nadel liegen. Erneut den Faden holen und durch beide Schlingen ziehen.

Freihandsticken siehe Seite 75.

Füßchenbreit absteppen siehe Absteppen.

Kettmasche: An der gewünschten Stelle oder in die entsprechende Masche einstechen, eine Schlinge holen und diese direkt durch die Schlinge auf der Nadel ziehen.

Schneiderlatein

Häkelschrift: Die Häkelschrift zeigt für jede Masche ein Zeichen, Häkelanfang und Ende sind mit Pfeilen markiert. Die Reihen/Runden sind abwechselnd in Schwarz und Grau gezeichnet. Gelesen wird die Häkelschrift in der gleichen Richtung wie gehäkelt wird. Dort, wo die Maschen auf den Maschen der Vorreihe/-runde sitzen, wird in die Maschen eingestochen.

Hexenstich siehe Seite 17.

Knapp oder **knappkantig absteppen** siehe **Absteppen.**

Leistentasche nähen siehe Seite 69.

Luftmasche: Mit der Nadel den Faden holen und durch die Schlinge auf der Nadel ziehen.

Maschinensticken siehe Seite 75.

Metallikstickgarn siehe Seite 76.

Nahtverdeckter Reißverschluss siehe Seite 81.

Nahtzeichen: In den Schnittteilen sind Nahtzeichen eingezeichnet, entweder nur mit kleinen Strichen, mit Symbolen oder Zahlen. Stellen mit gleichen Nahtzeichen treffen aufeinander. Besonders an Rundungen, beim Einsetzen der Ärmel und da, wo Weite eingehalten werden muss, sind Nahtzeichen wichtig, um die Teile passgenau zusammensetzen zu können. Die Nahtzeichen werden beim Zuschnitt durch kleine (!) Einschnitte in die Nahtzugaben übertragen. So sind auch bei doppelter Stofflage stets beide Teile markiert.

Nahtzugaben: Natürlich kann man 2 Stoffe nicht direkt an der Schnittkante zusammennähen: Man braucht einen Abstand zur Kante, der Nahtzugabe

heißt. In diesem Buch ist die Nahtzugabe von 1 cm in den Schnittteilen schon enthalten. Nur wenn die Nahtzugabe nicht – wie im Normalfall – 1 cm breit ist, wird die Nahtbreite in den Anleitungen extra genannt.

Nahtzugaben bügeln: Ihr könnt sie auseinander oder in eine Richtung bügeln. Bügelt Ihr die Nahtzugaben in eine Richtung, ist es oft einfacher, sie zuerst auseinander und dann zu einer Seite zu bügeln.

Obertransportfuß siehe Seite 41.

Paspelknopflöcher siehe Seite 67.

Quiltfuß siehe Seite 75.

rechts auf rechts: Rechts steht für die rechte – also die „schöne" – Stoffoberseite. Werden Stoffe rechts auf rechts zusammengenäht, liegen die Oberseiten aufeinander. So werden die meisten Nähte gearbeitet, damit an der fertigen Naht die Nahtzugaben von außen nicht zu sehen sind. Was links auf links oder rechts auf links heißt, erklärt sich daraus von selbst, oder?

Reißverschluss, nahtverdeckt siehe Seite 81.

Schnitt kopieren: Das geht mit Folie oder Schnittmusterpapier. Folie oder Papier auf den Schnittmusterbogen legen und das Schnittteil in der entsprechenden Größe abzeichnen. Um halb gezeichnete Schnittteile als Ganzes zu kopieren, ein ausreichend großes Stück Papier zur Hälfte falten und mit dem Falz an den eingezeichneten Stoffbruch legen, abzeichnen und im gefalteten Zustand exakt ausschneiden.

Schneiderlatein

Schrägbandformer siehe Seite 9.

Stäbchen: 1 Schlinge um die Nadel legen, in die gewünschte Masche bzw. unter den Luftmaschen der Vorrunde durchstechen, den Faden holen = 3 Schlingen auf der Nadel. Den Faden erneut holen und durch die ersten beiden Schlingen auf der Nadel ziehen. Noch einmal den Faden holen und durch die letzten beiden Schlingen ziehen.

Stecken (und Heften): Damit die Stofflagen beim Nähen nicht verrutschen, solltet Ihr die Teile aufeinanderstecken. Dabei die Nadeln quer zur Stoffkante stecken. So könnt Ihr die Nadeln beim Nähen gut wieder rausziehen Da der obere Stoff nicht ganz so gut transportiert wird wie der untere, verschiebt er sich oft etwas nach vorne.

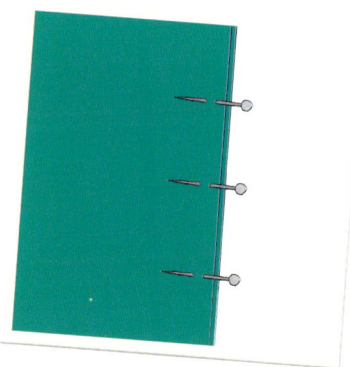

Manchmal hilft es, die Stofflagen dicht neben dem Nähfuß aufeinanderzudrücken und passend zum Nähtempo mitzuführen. Falls Weite eingehalten werden soll oder sich ein Stoff mehr dehnt als der andere, solltet Ihr den weiteren/dehnbareren Stoff auf jeden Fall nach unten legen. Verschieben sich die Stofflagen doch gegeneinander, kann man manchmal das Ganze retten, indem man den Stoff von der Nähmaschine wegnimmt, dreht und die Naht von der anderen Seite aus zu Ende näht. Wer mag, kann die Stofflagen zuvor auch aufeinander-

heften (= mit Heftgarn von Hand aufeinandernähen).

Stickfuß siehe Seite 75.

Stoffbruch: Der Stoffbruch ist die Faltkante, die entsteht, wenn der Stoff doppelt gelegt wird – entweder um 2 gegengleiche Teile zuzuschneiden, z.B. 2 Ärmel, oder um ein Teil, dessen Schnittmuster nur die Hälfte des fertigen Teils zeigt, komplett zuzuschneiden, z.B. beim Rückenteil. Der im Schnitt eingezeichnete Stoffbruch wird direkt an die Faltkante gelegt. An dieser Stelle gibt es keine Naht. Es wird hier also weder geschnitten noch ist eine Nahtzugabe nötig.

Verriegeln: Damit sich die Nahtanfänge und -enden nicht lösen, wird zu Beginn und am Ende der Naht jeweils ein Stückchen (3 bis 4 Stiche) doppelt, also vorwärts und rückwärts, genäht.

Versäubern: Bei Stoffen, die ausfransen, werden die Schnittkanten meistens versäubert, d.h. mit Zickzack- oder Overlockstichen umnäht. Dabei näht Ihr ganz knapp an der Kante entlang oder lasst die Nadel an der Außenseite sogar dicht neben dem Stoff „in die Luft" stechen. Nahtzugaben, die auseinandergebügelt werden, vor dem Nähen getrennt, Nahtzugaben, die in eine Richtung gebügelt werden, nach dem Nähen zusammen versäubern.

Verstürzen: Dabei werden 2 Stoffteile rechts auf rechts aufeinandergenäht, z.B. die Kissenvorder-

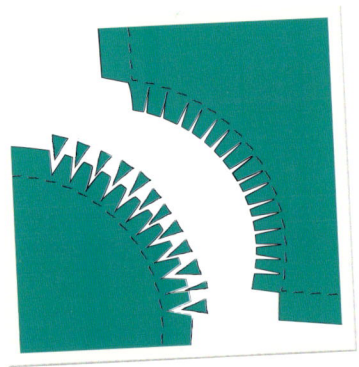

und Rückseite oder der Beleg am Halsausschnitt auf Vorder- und Rückenteil, und dann gewendet. Bei Teilen wie einem Kissen, die rundum verstürzt werden, muss man an der Naht ein Stück für eine Wendeöffnung frei lassen. Grundsätzlich sollten vor dem Wenden der Stofflagen an den Ecken und Rundungen die Nahtzugaben zurück- bzw. eingeschnitten werden, damit sich keine Falten bilden und die Kanten schön gerade und glatt werden.

Liegen die Nahtzugaben innerhalb der Rundung, z. B. am Halsausschnitt, reicht es, die Nahtzugaben bis dicht an die Naht einzuschneiden. Liegen die Nahtzugaben außerhalb der Rundung, z. B. wenn 2 Kreise aufeinandergenäht werden, kann es sinnvoll sein, kleine Dreiecke aus den Nahtzugaben herauszuschneiden.

An den Ecken schneidet Ihr die Nahtzugaben am besten so ab, dass die verbliebenen Nahtzugaben nach dem Wenden den freien Platz ausfüllen.

Vlies aufbügeln siehe Seite 8.
Vliesofix siehe Seite 74.
Zipper aufziehen siehe Seite 9.

Zuschneideplan: Der Zuschneideplan zeigt, wie der Stoff ausgelegt wird – ob im Stoffbruch, also doppelt, ob die Seiten nach innen geklappt werden, sodass 2 Stoffbrüche entstehen (das braucht man z. B. bei T-Shirts) oder in einfacher Stofflage, also vollständig offen. Zusätzlich könnt Ihr sehen, wie die Schnittteile auf dem Stoff verteilt werden. Die Bezeichnungen der Teile im Zuschneideplan stimmen mit den Bezeichnungen auf dem Schnittbogen überein.

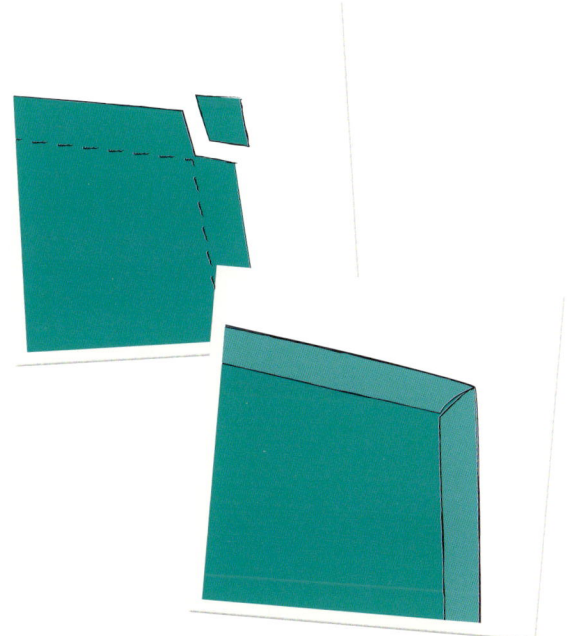

Das braucht man immer

Es gibt einige Dinge, die Ihr beim Nähen immer braucht. Alles, was hier aufgelistet ist, wird in den Anleitungen nicht noch einmal genannt, sollte aber vorhanden sein.

1 Maßband: Um die Körpermaße und längere Strecken zu messen benutzt man das flexible Maßband (das man nicht eng aufwickeln sollte, da es dadurch länger wird). **1a** Ein Taillenmaßband (das braucht Ihr nicht unbedingt) hat an einer Seite Lochungen und an der anderen ein Häkchen: So könnt Ihr es wie einen Gürtel umlegen und dann leichter die Maße ermitteln, die ab der Taille gemessen werden.

2 Handmaß: Kleine Abstände lassen sich besser mit dem Handmaß nachmessen, z. B. die Breite eines Saumumschlags.

3 Schneiderkreide: Damit werden die Umrisse der Schnittmuster auf den Stoff übertragen.

4 Wasserlöslicher Markierstift (z. B. Aqua-Trickmarker): Er zeichnet klare Linien auf den Stoff, die durch feuchtes Abwischen wieder verschwinden. So könnt Ihr auch auf der rechten Stoffseite Nahtlinien etc. aufzeichnen. Für dunkle Stoffe gibt es die Stifte in Weiß.

5 Bleistift oder Folienstift: Die braucht Ihr, um die Schnittmuster auf Papier oder Folie zu kopieren.

6 Stoffschere: Die Schere muss wirklich bis in die Spitzen schneiden und den Stoff nicht einfach nur quetschen, wichtig z. B. für die kleinen Einschnitte an den Nahtzeichen. Hier sind die Qualitätsunter-

schiede gewaltig! Papier oder andere Sachen mit der Stoffschere zu schneiden, ist auf jeden Fall tabu.

7 Stickschere: Für feinere Arbeiten und um die Fäden abzuschneiden ist eine Stickschere ganz praktisch, muss aber am Anfang nicht unbedingt sein.

8 Rollschneider: Mit ihm lassen sich besonders gut gerade Teile wie Streifen und Rechtecke zuschneiden. Die Anschaffung lohnt sich aber nur, wenn Ihr wirklich Spaß am Nähen habt und es häufiger macht.

9 & 10 Schneidelineal und Schneidematte sind nötig, damit man den Rollschneider gut nutzen kann. Außerdem erleichtern Lineal und Matte durch die aufgedruckten Zentimeterskalen das Abmessen der Teile.

11 Papierschere: (Ich komme gut mit einem preiswerten Modell aus.) Um Schnittmuster, Folie und alles, was nicht zwischen die Stoffschere darf, zu schneiden.

12 Gewichte: Die sind ideal, um die Stofflagen beim Zuschneiden oder das Papier auf dem Schnittmusterbogen zu fixieren, das Feststecken mit Nadeln fällt dann weg. Alles, was schwer und kompakt ist, eignet sich – z. B. alte Gewichte von einer Waage, alte Bügeleisen vom Flohmarkt etc.

13 Stecknadeln braucht man unbedingt, um die Stoffteile exakt aufeinander zu fixieren.

14 Handnähnadeln: Ab und an muss auch von Hand genäht werden. Greifbar solltet Ihr einige Nadeln in verschiedenen Längen und Dicken haben.

15 Nahttrenner: Der hilft, wenn's doch mal schiefgegangen ist und beim Öffnen der Knopflöcher.

16 Nähmaschinennadeln: Die gehören ebenfalls zum Verbrauchsmaterial. Wenn es ständig unerklärliche Probleme mit der Naht gibt, z. B. der Faden oft reißt, dann liegt es vielleicht an einer schadhaften Nadel. Es gibt Nadeln in verschiedenen Stärken: 60 bis 70 für sehr dünne, 70 bis 90 für normale und 90 bis 120 für dicke Stoffe. Außerdem gibt es Nadeln für verschiedene Stoffarten: für Jersey, für Funktionstextilien (Mikrotexnadeln), Leder und Jeans. Zusätzlich gibt es noch unterschiedliche Nadeln für verschiedene Nähtechniken: Zum Sticken gibt es besonders widerstandsfähige Nadeln und solche, die ein größeres Öhr haben, damit der Faden, insbesondere Metallikgarn, nicht so schnell reißt. Es gibt spezielle Nadeln zum Quilten, um Hohlsäume zu nähen etc.

17 Auch die Zwillingsnadel gehört zu den Spezialnadeln. Man näht mit zwei Oberfäden und einem Unterfaden, sodass auf der Oberseite zwei parallele Nähte zu sehen sind und die Naht auf der Unterseite wie ein Zickzackstich aussieht.

18 Nähgarn: Es lohnt sich, gutes Garn zu kaufen, sonst kann es sein, dass sich die Fadenspannung nicht richtig einstellen lässt und der Faden immer wieder reißt.

Die Nähmaschine

1 Garnrollenhalter (in der Regel gibt es 2 Stück): Was Ihr mit dem ersten macht, erklärt der Name, oder? Den zweiten braucht Ihr beim Nähen mit der Zwillingsnadel oder wenn Ihr gleichzeitig Spulen und Nähen möchtet bzw. den Nähfaden zum Spulen nicht ausfädeln wollt.

2 Die Spulvorrichtung zum Auffädeln des Unterfadens auf die Spule sitzt meistens am oberen rechten Nähmaschinenrand. Die Spule setzt Ihr auf die Halterung und bringt das Ganze entweder durch Verschieben der Halterung in Richtung eines Anschlags oder durch einen Hebel, den man Richtung Spule schiebt, in Gang. Damit sich die Nadel beim Spulen nicht mitbewegt, haben einige Maschinen einen separaten Motor. Bei anderen wird die Nadelbewegung automatisch abgestellt oder Ihr könnt am Handrad die Bewegung der Nadel stoppen.

3 Wähler für die Stichbreite: Bei Null näht die Maschine einen Geradstich, je größer die Einstellung, umso weiter bewegt sich die Nadel von links nach rechts und näht einen breiteren Zickzackstich.

4 Handrad: Mit dem Handrad könnt Ihr die Nadelposition genau kontrollieren, wenn Ihr z. B. die Nadel im Stoff versenken möchtet. Lässt sich das Nähstück nicht gut von der Nähmaschine wegziehen, könnt Ihr durch leichtes Vor- und Rückdrehen des Handrades die Schlaufe des Nadelfadens, die sich in diesem Fall um die Spule gelegt hat, lösen und das Teil dann leicht herausziehen. Das Handrad aber auf keinen Fall weit nach hinten drehen, das mögen manche Maschinen überhaupt nicht!

5 Versteller für die Nadelposition: Den hat nicht jede Maschine. Hilfreich ist er beim Einnähen von Reißverschlüssen (mit verstellter Nadel reicht oft auch der normale Nähfuß und man kann auf den Reißverschlussfuß verzichten) und bei der Verwendung spezieller Nähfüße. Auch kann man sich beim Nähen mit 0,5 oder 0,75 cm breiten Nahtzugaben an der Nähfußkante orientieren, wenn man die Nadel in die entsprechende Position bringt.

6 Knopflochautomatik: Diese Maschine hat eine Halbautomatik, das Knopfloch wird in 6 Schritten genäht und der Drehknopf entsprechend verstellt. Bei einer Vollautomatik näht die Maschine das ganze Knopfloch in einem Arbeitsgang.

7 Stichlängenwähler: Die Scala geht meist von 0 bis 4 und gibt die Stichlänge in Millimetern an. Normale Nähte werden mit einer Stichlänge von 2,5 bis 3 genäht. Bei sehr dicken Stoffen vergrößert Ihr am besten die Stichlänge. Oft ist der Stichlängenwähler auch gleichzeitig der Hebel zum Rückwärtsnähen. Hier näht die Maschine rück-

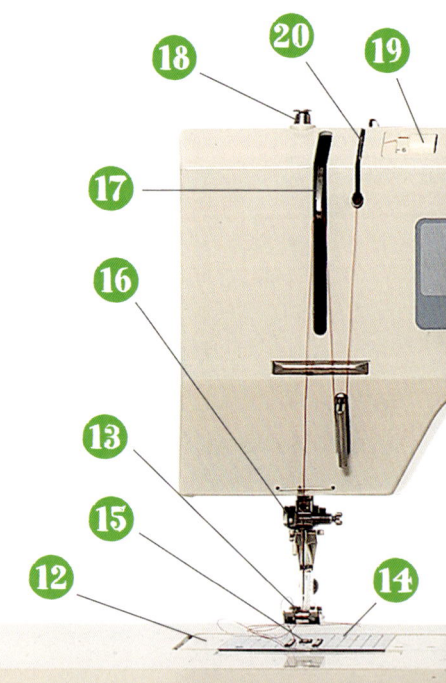

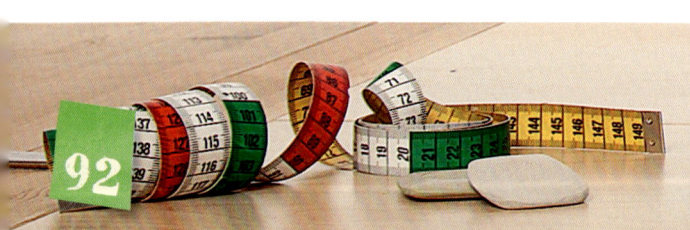

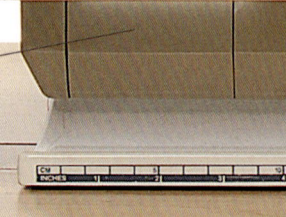

wärts, wenn man den Hebel ganz nach oben schiebt. Neuere Maschinen haben oft eine Taste schräg oberhalb der Nadel, mit der man das Rückwärtsnähen auslöst.

8 Ein-/Ausschalter: Meist sitzt er rechts oder hinten an der Nähmaschine.

9 Transporteur versenken: Das geht entweder, wie hier, über einen Schalter/Drehknopf oder der Transporteur wird mit einem Extrateil abgedeckt. Bitte lest Genaueres dazu in der Anleitung Eurer Maschine nach.

10 Mansche Nähmaschinen können zusätzlich mit einem Kniehebel ausgerüstet werden: Damit lässt sich das Füßchen heben und senken, sodass man beide Hände frei hat, um den Stoff zu führen.

11 Entweder sitzt der Unterfaden auf einer Spule in der Spulenkapsel oder die Spule liegt in einer Aufnahme (ohne Kapsel) waagerecht unter der Stichplatte.

12 Die meisten Haushaltsnähmaschinen sind Freiarmmaschinen, d. h. man kann den Nähtisch abnehmen und auf einer sehr kleinen Fläche nähen.

Das ist praktisch, um z. B. schwer zugängliche Stellen wie Hosenbeine zu flicken.

13 Unten an der Stoffdrückerstange sitzt der austauschbare Nähfuß, der den Stoff gegen den Transporteur drückt. Es gibt eine große Anzahl von speziellen Nähfüßen für verschiedene Anwendungen, die meisten Nähte lassen sich aber mit einem Standardnähfuß nähen.

14 Die Stichplatte deckt den Greifer ab (in dem sitzt die Spule). Entweder könnt Ihr die Stichplatte einfach verschieben und abnehmen oder Ihr müsst sie losschrauben, um ab und an Flusen und Fadenreste, die sich unter der Stichplatte sammeln, zu entfernen.

15 Der Transporteur vollzieht eine kreisförmige Bewegung (nach vorne unterhalb, nach hinten oberhalb der Stichplatte) und bewegt dabei den Stoff nach hinten.

16 Nadelstange mit Nadel: Unten an der Nadelstange wird die Nadel befestigt und meist mit einer Schraube fixiert. In Haushaltsnähmaschinen werden Flachkolbennadeln verwendet: Der Querschnitt des Kolbens ist ein Halbkreis, dadurch wird sichergestellt, dass die Nadeln nur in der richtigen Richtung in die Nadelhalterung, die hierfür eine entsprechende halbkreisförmige Öffnung hat, eingesetzt werden können.

17 Der Fadengeber zieht den nötigen Faden von der Garnrolle ab.

18 Stellschraube für den Nähfußdruck: Falls sie vorhanden ist, könnt Ihr bei unterschiedlich dicken Stoffen den Nähfußdruck anpassen. Je dicker der Stoff, umso geringer der Nähfußdruck.

19 & 20 Über das Stellrad (bzw. die Taste etc.) für die Fadenspannung wird der Druck zwischen den Spannungsscheiben reguliert und so die Spannung des Oberfadens eingestellt.

21 Die meisten Nähmaschinen können verschiedene Zierstiche und Elastikstiche nähen. Über Wahlknopf oder Tasten kann man den gewünschten Stich aussuchen.

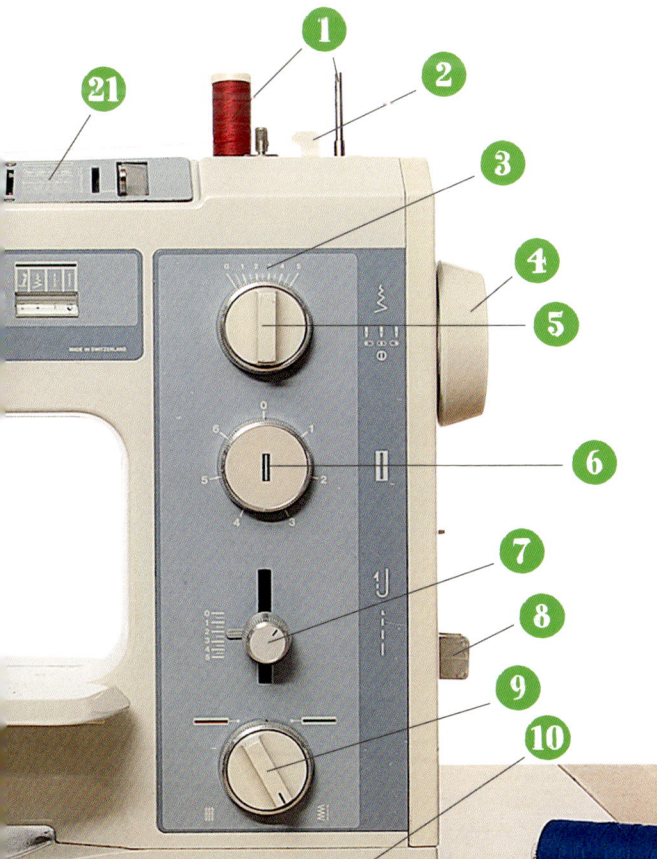

Maßnehmen

Weil bei Schnittmustern unterschiedlicher Hersteller Konfektionsgröße 40 doch nicht unbedingt gleich Konfektionsgröße 40 ist, empfehle ich Euch, die eigenen Körpermaße genau zu messen und danach das Schnittmuster auszusuchen bzw. abzuändern.

Gemessen wird mit einem flexiblen Maßband und am besten über eng anliegender Kleidung (z.B. Unterhemd und Leggings). Das Maßband soll dicht am Körper liegen, aber nicht stramm gezogen werden.

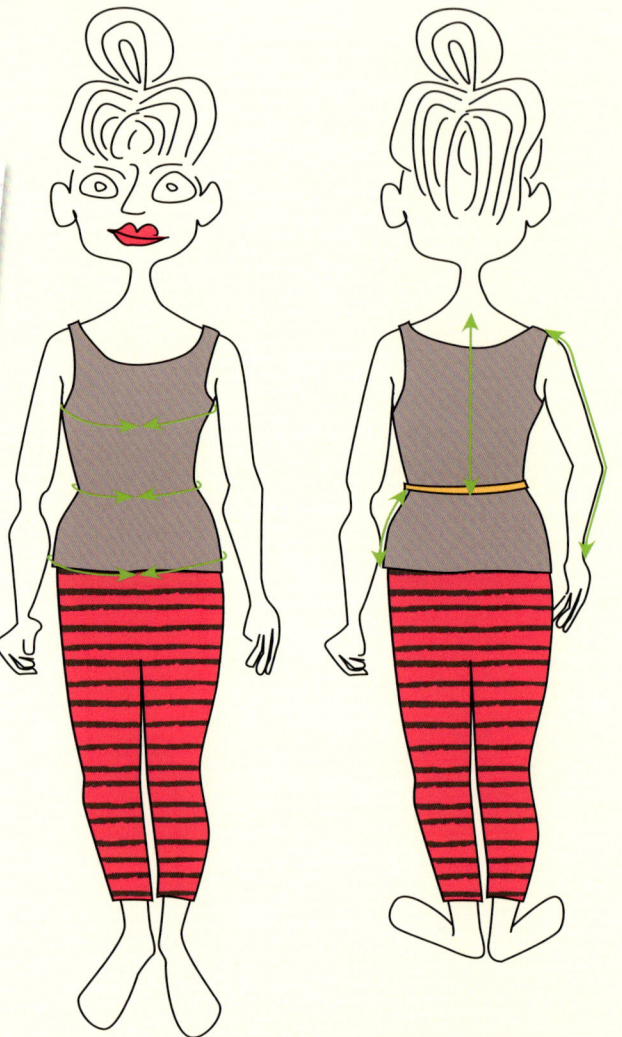

1. Taillenweite: an der schmalsten Stelle um die Taille messen.
2. Hüftweite: an der stärksten Stelle über der Hüfte messen.
3. Brustweite: an der stärksten Stelle über der Brust messen.

Sucht Euch die richtige Größe für Oberteile und Kleider nach der Brustweite, die Größe für Hosen und Röcke nach der Hüftweite aus.

Körpergröße: Bei den „normalen" Konfektionsgrößen, hier im Buch Größe 34 bis 44, sind die Schnitte passend für eine Körpergröße von 1,68 m. Aber wer ist das schon? Gehört Ihr auch zu der großen Gruppe, die nicht die „Standardmaße" besitzen, solltet Ihr noch folgende Maße messen und eventuell die Schnittteile abwandeln.

Die **Rückenlänge** könnt Ihr am besten mithilfe eines Taillenmaßbands messen. Alternativ könnt Ihr auch einen dünnen Gürtel oder einen Streifen breiteres Geschenkband um die Taille legen. Messt vom 7. Halswirbel im Nacken (der steht gewöhnlich ein bisschen vor) an der Wirbelsäule entlang bis zur unteren Kante des Taillenbandes.

Die **Hüfttiefe** wird von der unteren Kante des Taillenbandes an der Seite bis zur stärksten Stelle an der Hüfte gemessen.

Um einen Oberteil-Schnitt anzupassen, schneidet

Größe	Taillenweite	Hüftweite	Brustweite	Rückenlänge	Hüfttiefe
34	65 cm	90 cm	80 cm	41,4 cm	20,2 cm
36	68 cm	94 cm	84 cm	41,4 cm	20,4 cm
38	72 cm	97 cm	88 cm	41,6 cm	20,6 cm
40	76 cm	100 cm	92 cm	41,8 cm	20,8 cm
42	80 cm	103 cm	96 cm	42 cm	21 cm
44	84 cm	106 cm	100 cm	42,2 cm	21,2 cm
ich	cm	cm	cm	cm	cm

Meine ganz persönlichen Maße

Unter www.Das-Nähzimmer.de könnt Ihr Euch auch eine Tabelle runterladen, in die Ihr Eure Körpermaße eintragen könnt.

Ihr die Schnittteile von Vorder-, Rückenteil und Ärmel an Linie 1 (= in der Mitte des Armlochs bzw. an der Armkugel) und Vorder- und Rückenteil zusätzlich an Linie 2 (zwischen Armloch und Taille) auseinander. Gleicht 1/3 der Differenz zwischen Eurer Rückenlänge und dem Standardmaß an Linie 1 und 2/3 an Linie 2 aus, indem Ihr die Teile übereinanderschiebt bzw. auseinanderzieht. Bei Ärmeln ohne Armkugel (gibt es in diesem Buch zwar nicht, aber hilft Euch vielleicht trotzdem) gebt Ihr den Betrag von Linie 1 an beiden Seiten des Ärmels zu, verbreitert also den Ärmel.

Die gesamte Differenz der Hüfttiefe verändert Ihr entsprechend an Linie 3.

Anschließend prüft Ihr die Ärmellänge direkt am Schnitt. Messt vom Nahtzeichen für die Schulternaht oben am Ärmelschnitt parallel zum Fadenlauf bis zur unteren Ärmelkante.

Da die Schnitte in diesem Buch schon die Naht- und Saumzugaben enthalten, zieht Ihr 1 cm Nahtzugabe und die eingezeichnete Saumzugabe ab. Haltet den Schnitt des Vorderteils an Euren Körper und messt ab der Schulternaht (die liegt wegen der Nahtzugaben wieder 1 cm neben der Kante des Schnittteils) außen am gebeugten Arm entlang bis zum Handknöchel bzw. bis zur gewünschten Ärmellänge. Zur Korrektur schneidet Ihr den Ärmelschnitt an Linie 4 auseinander und verlängert bzw. verkürzt ihn.

An der Hose wird die Differenz der Hüfttiefe an Linie 5 ausgeglichen. Haltet anschließend das Schnittteil an den Körper und korrigiert die Beinlänge: eine Hälfte oberhalb des Knies an Linie 6, die andere an Linie 7.

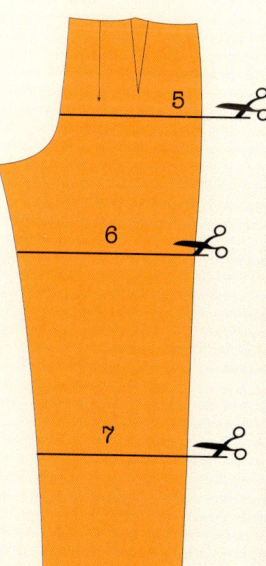

Die Schnittteile immer im rechten Winkel zum eingezeichneten Fadenlauf auseinanderschneiden.

Impressum

Entwürfe, Realisation und Text: Beate Schmitz
Fachkorrektur und Lektorat: Gabriela Reuß
Redaktion: Angelika Klein
Fotografie: Rainer Muranyi,
Beate Schmitz (Seite 4, 7, 21, 35, 55, 73 und 77)
Lehrgangsfotos, Schnitte und Zeichnungen:
Beate Schmitz
Gesamtgestaltung und Satz: GrafikwerkFreiburg
in Zusammenarbeit mit Beate Schmitz
Reproduktion: RTK & SRS mediagroup GmbH, Freiburg
Druck und Verarbeitung: Polygraf Print, Slowakei

© 2015 Christophorus Verlag GmbH & Co. KG
Freiburg
Alle Rechte vorbehalten

ISBN 978-3-8410-6303-8
Art.-Nr. 6303

Herstellerverzeichnis

- Buttinette Textil-Versandhaus GmbH, Wertingen
  www.buttinette.com
- Hans Dill GmbH & Co.KG, Bärnau
  www.dill-buttons.com
- Freudenberg Vliesstoffe SE & Co. KG, Weinheim
  www.vlieseline.de
- Kurt Frowein GmbH & Co. KG, Wuppertal
  www.kurt-frowein.de
- Gütermann GmbH, Gutach/Breisgau
  www.guetermann.com
- Stoffe Brünink & Hemmers GmbH, Nordhorn
  www.stoffe-hemmers.de
- Marienkind, Berlin
  www.marienkind-online.de
- Das Nähzimmer, Stegen
  www.Das-Naehzimmer.de
- Prym Consumer Europe GmbH, Stolberg
  www.prym-consumer.com
- Westfalenstoffe AG, Münster
  www.westfalenstoffe.de
- Zweigart & Sawitzki GmbH & Co.KG, Sindelfingen
  www.zweigart.de

 **Kreativ-Service**

Sie haben Fragen zu den Büchern und Materialien? Frau Erika Noll ist für Sie da
und berät Sie rund um alle Kreativthemen. Rufen Sie an! Wir interessieren uns
auch für Ihre eigenen Ideen und Anregungen. Sie erreichen Frau Noll per E-Mail:
mail@kreativ-service.info oder Tel.: +49 (0) 5052/91 18 58 Montag–Donnerstag:
9–17 Uhr / Freitag: 9–13 Uhr

Besuchen Sie uns im Internet: www.christophorus-verlag.de